滕阁读书
TENGGE READING

乡村教师

如何提升教学实践能力

黄立霞——著

江西教育出版社
JIANGXI EDUCATION PUBLISHING HOUSE

图书在版编目（CIP）数据

乡村教师如何提升教学实践能力 / 黄立霞著 . -- 南昌：江西教育出版社，2020.12

ISBN 978-7-5705-2289-7

Ⅰ . ①乡… Ⅱ . ①黄… Ⅲ . ①农村学校 – 师资培养 – 研究 – 中国 Ⅳ . ① G451.2

中国版本图书馆 CIP 数据核字 (2020) 第 261586 号

乡村教师如何提升教学实践能力

XIANGCUN JIAOSHI RUHE TISHENG JIAOXUE SHIJIAN NENGLI

黄立霞 著

江西教育出版社出版

（南昌市抚河北路 291 号　　邮编：330008）

各地新华书店经销

南昌市红星印刷有限公司印刷

720 毫米 × 1000 毫米　16 开本　12.25 印张　字数 140 千字

2020 年 12 月第 1 版　2020 年 12 月第 1 次印刷

ISBN 978-7-5705-2289-7

定价：26.00 元

赣教版图书如有印装质量问题，请向我社调换　电话：0791-86710427

投稿邮箱：JXJYCBS@163.com　电话：0791-86705643

网址：http://www.jxeph.com

赣版权登字 -02-2021-021

序　言

如果把乡村学校比作一棵大树，那么树根指乡村教育，树干指广大的乡村教师，树枝指教师的专业化发展，树叶指听课、上课、评课。目前，乡村学校的现状是干粗，枝不繁叶不茂。在我国这一农村人口众多的国度里，农村教师，承载着更多的责任与期待。然而，在农村很多地区，教师发展缺乏专业化引领，教师科研能力较弱，培训机会较少，缺乏自我提升意识。因此，提高乡村教师课堂教学能力迫在眉睫。

党的十九大报告强调："建设教育强国是中华民族伟大复兴的基础工程，必须把教育事业放在优先位置，加快教育现代化建设，办好人民满意的教育。"要全面贯彻党的教育方针，落实立德树人的根本任务，发展素质教育，推进教育公平，培养德智体美劳全面发展的社会主义建设者和接班人，推动城乡义务教育一体化发展，高度重视农村义务教育。

贵州省教育厅非常重视乡村教育的发展，2016—2020年五年间在广大乡村教师中遴选出了1500名省级乡村名师，并以此为基础成立了名师工作室，推动了乡村教育的发展。

本书作者就是这批省级乡村名师工作室的主持人之一，也是贵州农村目前最年轻的特级教师之一，长期执教于农村义务教育阶段学校，对乡村教育教学有自己的看法和想法。本书开篇第一章“课堂教学提升研究”，作者结合工作室成立以来开展的大量教育教学实践研究，对教师在课堂教学中遇到的问题进行细致分析，并提出了提升课堂教学的方法和策略；第二章“备课教研提升研究”，主要从集体备课、教研活动形式、教师课后反思、教具制作、听评课、指导学生课外实践活动等方面进行详细阐述；第三章“教师科研与素养提升研究”，作者结合自身实际及工作室教培研活动开展情况，从教师小课题研究、教师科研论文写作、教育科学规划课题申报等方面释疑答惑，并指导教师提升自身素养，培养教师的责任感。

作者作为一名特级教师和名师工作室主持人，对于提高教师的课堂教学能力、备课教研、教育科研、教师素养等方面有一些新的看法，这都体现在这本著作中。希望本书能为广大的乡村教师提供切实有效的实践指导，提高乡村教师优质课堂教学能力，在实践中不断反思，在反思中不断成长。

一事精致，便能动人，从一而终，便是深邃！做学问就是这样，必须投入百分百的精力，持之以恒，才能达成目标。屈原云：路漫漫其修远兮，吾将上下而求索。为振兴乡村教育事业，吾辈将上下求索，穷其一生。

穆朝君

2020 年 7 月 27 日于奢香故里

目 录

第一章 课堂教学提升研究

第二章 备课教研提升研究

第一章　课堂教学提升研究

一　概念引导教学实践研究

乡村学校是指行政区划上隶属于县级以下乡镇（不含城区范围内的乡镇或街道办事处）管理的学校，乡村名师工作室是指贵州省名师名校长工作室管理办公室领导下的贵州省乡村名师工作室。由于各种主客观条件的限制，乡村学校教师无论是在教育教学还是在教育科研方面，整体上都比城区教师要弱一些，这不仅体现在教育教学管理与教育教学质量方面，还体现在教师的教育科研能力方面。乡村名师工作室成立的初衷，就是要通过其示范引领和带动作用，逐渐缩小这种城乡差异，逐步实现教育的公平公正发展。

概念是对事物和现象一般的、本质属性的概括，是学科知识的重要组成部分，是正确地进行判断、推理等思维活动的基础，是实现学科教学任务的核心内容。换句话说，乡村学校教学的核心任务之一就是使学生理解和掌握学科概念，进而掌握规律、发展认知能力。研究学生学习学科概念的实践活动，总结教师自己在概念教学中的体会，探讨学科概念的教学方法，是每一个乡村教师应具备的基本素质。概念教学贯穿于整个乡村学校教师的课堂教学，是学科教学的基础，也是学科教学成败的关键。形成正确的学科概念，是发展学生智力、能力，进行思想品德教育的重要途径。

概念教学，要充分发挥直观表象的作用，直观表象越清晰完整，分析比较和判断就越容易进行。对事物的表象和事实材料，要按照概念的内涵逐次进行分析，得出初步的理性认识并加以概括。教学中，要注意利用已知概念在学习新概念中的迁移和中介作用，掌握概念的限制因素，充分利用概念的数据指标，运用变式和比较的方法，排除非本质的干扰，明确概念划分标准，搞好概念归类。教学中，要应用多种多样的形式，强化对概念的理解和掌握，利用已学概念，去分析判断同类型的事物或现象，理解新的概念。随着新课程改革不断向纵深推进，对于不断出现的新概念，在总结复习和整理知识时，要根据概念的内涵与外延划分概念等级加以系统的概括，指出它们之间的联系，形成各自的概念体系。

一、概念的引入

概念的引入要恰当，引入的方法可以多种多样，一般可以从日常生活中的现象和学生已掌握的知识着手，通过演示实验，运用类比等方法引入。

从日常生活中的现象引入概念非常适合乡村教师进行概念教学，因为学生对这些现象比较熟悉，学生比较容易理解和掌握概念，同时还可以使学生养成观察问题、分析问题的良好习惯和提高他们的观察能力与分析能力。为此，在进行概念教学时，应尽量挖掘日常生活中的现象，配合教材内容进行教学。例如：讲授物理学科中“力”的概念时，可以通过人推车、拉物体、提东西、压物体等生活中的推、拉、提、压等现象引入力的概念，进而揭示力的本质——物质性和相互性。由于是从学生熟悉的现象引入概念，因而可以获得良好的教学效果，有利于学生进一步理解和掌握有关力的概念。

从学生已学习和掌握的知识引入新的概念能起承上启下作用，并使知识系统连贯。如物理学科中“功率”这一概念,可通过复习“功”的概念后引入，即提出做功快慢问题，如某同学从一楼到二楼，可以慢慢走，也可以跑上去，两种情况中，他克服重力做功是相同的，但所用时间不同，因而效果也不同，这样就自然而然地提出做功的快慢问题，进而引入功率的概念，学生也易于理解掌握。

通过演示实验引入概念直观明了。学生通过观察实验现象获得感性认识，再通过判断、分析、推理，找出现象的本质，即上升到理性认识。又如教学物理学科中的自感现象和自感电动势，只要认真做好课文中的两个演示实验，引导学生明确实验现象的关键，即通过线圈的电流是变化的，再结合电流的磁场和电磁感应的知识，就可以成功地引入自感现象和自感电动势的概念。

通过类比的方法引入概念主要用于一些比较抽象的概念教学，主要通过跟已学习过的有关概念相类比来引入。如讲述地理学科中的“城市”的概念时，可通过与已学习过的“聚落”的概念相类比来引入，即城市是以非农业人口为主的大型聚落。

二、概念的形成

概念可以用文字叙述来概括，也可以通过数学公式来定义。用文字叙述时应注意概念的科学性和准确性，对文中关键的字、词、句加以强调，以引起学生注意，从而使其加深对概念的理解和掌握。如物理学科中“磁通量”的概念,在叙述时就要特别强调“磁感线的条数”。运用数学公式来定义概念时，要讲清楚数学公式所表示的意义、适用条件及各个量的单位。如物理学科中“电场强度”的定义式为 $E=F/q$。它并不依赖检验电荷及检验电荷受到的电场力，它是客观存在的，反映了电场的一种性质，$E=F/q$ 只不过是一种量度的方法。因此，在给出定义式之后，应向学生揭示电场强度的物理定义：电场强度是描述电场的力的性质的物理量。同时说明 $E=F/q$ 适用于任何电场，使学生有一个明确的认识。明白概念的意义和适用条件，既能使学生加深对概念的理解和掌握，又能避免在应用时乱套公式。又如语文学科中的“语文”的概念，立足于语言看“语文”，语言或语言文字就是重心，是矛盾的主要方面，决定着“语文”的性质；立足于人看“语文”，人就是核心，居于运用语言的主要方面，决定着运用的性质。再如数学学科中的“差异教学”的概念，中央教育科学研究所研究员、博士后科研工作站指导专家华国栋教授认为差异教学是指在班集体教学中立足学生差异，满足学生个别的需要，以促进学生在原有基础上得到充分发展的教学。差异教学是一种思考教与学的方式，是一种集大成的教学策略。“差异”不等于“差距”,“差距”只是“差异”的一种,“差异”是“不一样”，“差距”只是程度上的“不一样”。

三、概念的巩固

有效地巩固概念，可以加深学生对概念的理解和熟练掌握程度，有利于学生进一步学习和掌握新的知识，提高运用物理知识解决物理问题的能力。在教学过程中，一般可以从以下几个方面去巩固概念。

（一）重视课堂小结这一教学环节

课堂小结并不只是对教学内容的简单重复，而应是通过纲要、图示或图表等方法对概念进行概括，进一步揭示概念的内涵和外延，使学生能较系统地理解和掌握概念并能运用概念解决相关问题。

（二）承上启下，对一些容易混淆的概念进行比较分析

如物理学科中的速度、速度变化量和加速度，磁通量、磁通量变化量和磁通量变化率等，让学生在比较分析中进一步揭示物理概念的内涵。

（三）通过习题讲解与练习巩固概念

习题讲解与练习就是运用知识解决问题的过程，只有运用知识去分析和解决实际问题才能使学生深刻理解和掌握概念。习题讲解与练习的内容，包括教师的例题讲解和分析，学生作业及讲评，课堂提问，考试考查及讲评，等等。因此，在课堂教学过程中，教师应重视对例题和习题的讲解和分析，根据课堂教学的实时反馈有目的地进行提问或进行课堂小测验。课后，教师要根据教学要求布置适量的书面作业，精心设计试题对学生进行考查，重视对作业的批改、讲评和考试考查的讲评，及时发现问题、解决问题。

（四）概念的巩固要坚持常态化

概念的巩固需要一个过程。因此，教师在正常的教学中除注意加强新旧知识之间的联系外，还要有计划地进行阶段复习与巩固，如单元复习、系统复习、专题复习和单元测试、期末考试、综合测试等，只有这样，才能让学生有效地巩固概念。

四、概念的理解与运用

得出概念后，还必须使学生对概念的属性、内涵和外延有全方位的理解。如语文学科中的“语文”的概念，“语文”如果是语言，那么语文课程与教学的重心就是研究语言，传授语言学知识；“语文”如果是现实语（现实语是人对语言的实在、具体运用），那么“语文”的重心就是解决“运用”方面的问题。现实语的突出特点是有严格的时空限制，即离不开特有的、具有唯一性运用

的语言环境。在语文主要教什么、学什么的长期争论中，传统的“文以载道”之争没有明确的结果，哲学命题“内容决定形式”在此失去作用，正是因为没有把“文以载道”“内容决定形式”放入特有的、具有唯一性的运用语言环境之中进行检验，使其失去了受严格时空限制的“文道之争”和“内容决定形式”，语文主要教什么、学什么的长期争论自然就不会有明确的结果。可见，对概念的掌握与运用程度必须在发现问题、解决问题中才能得到提高。这正如学生对物理学科中力的认识一样，力不仅有大小，而且有方向，力是矢量，力是改变物体运动状态的原因，力的作用不仅存在宏观物体之间，还存在微观粒子之间。

随着学习的不断深入与知识的增多，概念引导教学将逐步成为乡村学校教师学科课堂教学的良好开端，学科概念也必将日益完善和深化。

二　课堂导入方式方法

课堂是教师的主阵地，也是孕育一个好教师的摇篮。只有在这个摇篮里不断实践，不断反思，不断创新，才能吸收更多的“营养”。作为一名乡村教师，除了在自己熟悉的课堂上教学，还应跟随乡村名师工作室的脚步，大胆地走出去，去大量地吸收外面的养分，提高自己的专业技术水平，让自己走得更快、更远。

省级乡村名师工作室开展的活动丰富多彩，形式多样，经常去一些偏远、基础薄弱的学校送教送培。在参加该项工作的这三年里，我发现很多教师压根就调不起学生学习的兴趣，一节课下来，冷冷清清，孩子们根本没有积极主动地参与到教师创设的教学活动中来，教师只能硬着头皮唱“独角戏”，把这节课撑下来。

俗话说得好：“只要一个歌手一开口，台下的观众就知道你有几斤几两。”为什么会出现这种情况呢？原因有以下几点：

一、教师的导入方式过于陈旧，吸引不了孩子的眼球

一位年轻的教师在上一年级的口语交际课《小兔运南瓜》时，采用的是谜语导入方式，教师在幻灯片上出示了几行字——三瓣嘴、尖耳朵、爱吃萝卜和蔬菜，还没等老师念完，学生就已经说出答案。这种导入方式激发不了学生的好奇心，会让他们觉得接下来的课也会平淡无奇，学生的参与积极性

也就不会高了。

二、导入没有实质性的作用

有的教师，为了在学生的面前大展身手，树立一种“巨人”的形象，就会去学武术、魔术、舞蹈或表演，在课前的2—3分钟里将这些作为导入激发学生的兴趣。如一位教师在上三年级语文《海底世界》时，就先变一个魔术，当孩子们聚精会神地看教师表演时，他话锋一转：“只要你们这节课能够专心听课，下课之后就表演给你们看。”但他没考虑到三年级孩子的特点，他不仅没让孩子认真听课，反而让学生一节课都在惦记着一件事——老师下课后就会给我们表演魔术。

三、导入只是为了锦上添花

为了真正起到示范引领作用，省级乡村名师工作室的成员和学员在上课时采用了比赛的形式。因此，很多教师为了得到高分，想方设法、花样百出。有一位教师在上五年级语文《彩色的非洲》时，从网上搜集了很多有关非洲的图片，加上音乐，作为导入放给学生欣赏。但是，这些图片与上课内容毫无关系，看了半天，不知道教师的目的是什么，学生你看看我，我看看你——丈二和尚摸不着头脑。

四、教师的导入没有考虑学生的特点

有一位教师，导入总是用一个模式——歌曲导入，如二年级的《小马过河》这篇课文，他是这样导入的：“孩子们，老师给大家带来了一个动物朋友，它就藏在一首歌里，大家仔细听，找出这个动物朋友。”在上四年级的作文课《写一样动物》时，他也用上面的导入方法。而对于五年级的课文《“漫画”老师》，他就稍稍改变了一下：“老师给你们带来了一首歌曲，这个动物就藏在这首歌

里。”接着，他播放了《每当我走过老师窗前》。总之一句话，如果上课内容与动物有关，他就找与动物有关的歌曲；与人物有关，他就找与人物有关的歌曲。低年级的学生看到动画音乐视频，肯定会兴趣盎然；高年级的学生却不以为然，他们觉得很幼稚。

五、导入过长

有的乡村教师，在和新班级的学生交流时，随机应变的能力较差，放得出去，收不回来，有时反而被学生牵着鼻子走。如一位教师在上《童年趣事》一课时，一开始，就给学生放了一个与《童年趣事》有关的微课，大概有七分钟，放完之后这位老师就说：“现在，你们应该都知道怎么写童年了吧！”此时，一个学生站了起来，说：“老师，我认为您用在微课里的图片不够好，这是从网站上下载的，不贴近我们农村孩子的生活，我建议您搜集一些我们平时生活中的图片。”这个学生的话音未落，其他学生也议论纷纷，给这位教师的微课指出了这样或那样的不足，教师几次试图打断，但都无济于事。结果这个导入持续了二十多分钟，导致这节课以失败而告终。这位教师万万没有想到，本来想用一个先进的教学手段作为导入，来激发学生的学习兴趣，但由于导入时间过长反而适得其反。

六、教师的肢体语言太过僵硬，语言魅力不足，导入吸引不了学生

有的教师，喜欢用游戏导入活跃课堂气氛，但由于自己的表达能力不够好，肢体语言不协调，反而让自己陷入困境中。一位五十多岁的老教师，她在上课前让学生玩“大雨、中雨、小雨”的游戏，但是由于她的表达不准确，肢体动作很不协调，反反复复很多次，学生都已经没有兴趣了，她却还在做错，让学生觉得这个老师上课一定很无味。这个教师由于失败的导入，让学生对

她的教学能力产生了怀疑，导致她的课堂冷场。

我们都知道，一个实力派歌手，只要一开口唱歌，就能让台下的观众热血沸腾；一个出色的钢琴演奏家，只要把手指放在键盘上跳动，就会让台下的观众惊叹不已；一个成功的表演家，只要一上台，台下的观众就会立刻融入他的表演中，和他一起哭，一起笑；一个成功的舞蹈家，只要一亮相，掌声就会不绝于耳。

导入不也是这样的吗？一个好的导入，它能立刻吸引学生的眼球，激发学生的兴趣，勾起学生的好奇心，激发他们的求知欲，让他们对这节课产生想象、好奇，而正是这种欲望，促使他们积极主动地参与到教师的教学活动中来。经过省级乡村名师工作室的不断探索、实践、反思，在工作室主持人的领导下，在成员们的共同努力下，我总结出以下方法：

一、导入要创新

同一句话，用不同的表达方式，会有不同的效果，这就要求我们要创新。如在上三年级语文《带刺的朋友》时，同样是谜语导入，但是我们可以这样变一变：

师：今天老师给大家带来了一个朋友，下面，老师说出他的特征，你们来猜一猜。第一个特征，它是一种动物，能猜出来吗？

学生睁大了好奇的眼睛，认真听着。

师：第二个特征，这种动物会偷东西，猜出来了吗？

学生摇摇头，流露出好奇的眼神，急于知道答案，注意力更加集中了。

接着，老师微笑着说："请注意听第三个特征。"这时，教室里鸦雀无声，只听见学生的呼吸声，学生所有的注意力都集中到了教师的身上，教师见时机成熟了，说出了第三个特征："它浑身长满了刺。"

教师的话音刚落，学生们就异口同声地说出了答案。这时，学生的学习兴趣、课堂气氛完全被调动起来，学生迫不及待地想深入学习。

二、利用微视频导入时，要起到实质的作用

农村的孩子，走出去的机会很少，很多外面的信息，都需要教师利用网络传递给他们，但是我们要合理地利用这些资源，让它们起到实质性的作用。如在上三年级课文《美丽的小兴安岭》时，我们可以这样导入：

师：同学们喜欢旅游吗？

生：喜欢。

师：今天，老师要带大家去一个美丽的地方。（板书：美丽的）想知道是什么地方吗？请大家认真看视频，看完之后，你们就知道了。

播放小兴安岭的一分钟视频。

师：现在告诉我，这是什么地方？

生：小兴安岭。（教师板书：小兴安岭）

这样的导入，会勾起学生的求知欲，在课前埋下伏笔，再用视频吸引学生的眼球，为接下来的课堂教学奠定好的基础。

三、导入的方式要多样化

我们要根据不同的课型，采用不同的导入方式，常用的导入方式有以下几种：

1. 奇思妙想百宝箱

"假如__"是一篇半命题作文，很多教师在拿到这个课题的时候，都感到头疼，因为对于小学语文来说，上好作文课是难点。很多教师都会从作文题

目着手，让学生补充题目，通过题目，设计几个大框架，让学生看几篇例文，模仿着写，然而学生的想象能力没有充分发挥出来，这样的导入一开始就忽略了这篇作文想要达到的目的。笔者工作室的一个学员在教这篇作文时，是这样来设计导入的：

“假如__”的导入

师：孩子们，在上课之前，咱们先来玩一个游戏吧！在你们面前有一张卡片，请你们根据卡片上的要求，填写内容。

第一张卡片，写出一个你最喜欢的人物名字（如孙悟空、李白、哪吒等）；

第二张卡片，写出一个你最想去却去不了的地方（如月球、火星、海底等）；

第三张卡片，写出一件你现在最想做的事情（跳舞、唱歌等）。

学生写完这些卡片后，就把它们分类放到奇思妙想百宝箱，然后教师请学生从不同类型的卡片中各抽一张。

师：下面，请抽到卡片的同学们用一句话来表达三张卡片上的内容，谁在什么地方干什么？

生1：李白在大海里跳舞。

生2：猪八戒在月球上跳绳。

生3：孙悟空在原始森林里踢足球。

生4：米小圈在赤道附近吃冰激凌。

师：在想象的世界里，什么样的事情都有可能发生！今天，老师要与同学们一起在想象的世界里遨游。现在，如果教室的墙壁上出现了一个大洞，你会想到什么？

生5：这是一个时空隧道的大门，我会穿越到恐龙时代去看看我最喜欢的霸王龙。

师：今天，我们要写的这篇作文就是一篇想象作文，让我们一起来学习吧。

这位教师的导入抓住了学生的心理特点，一下子就把学生的注意力吸引过来了。

2. 故事导入

很多语文教师都喜欢用这种导入方法，但是他们在用这种方法时，都出现了一些问题：教师选择的故事内容脱离学生的生活实际；教师只是为了讲故事而讲故事，忽略了学生的主体地位；学生只是单纯的倾听者，没有和教师互动，产生共鸣。因此，我们在利用故事导入这种方法时，一定要设计好如何与学生互动，把他们带入到故事里面来。下面是笔者工作室的一位成员在上统编版三年级上册《名字里的故事》一课时设计的导入方法。

《名字里的故事》的导入：

师：我们每个人都有一个名字，里面都藏着学问。下面老师就给大家讲一个与名字有关的故事，你们可要竖起小耳朵认真听哟，猜一猜这个人的名字叫什么，你们有信心吗？

生（齐声说）：有信心！

师：这个人的姓是一种动物，这种动物的躯体粗壮肥大，四肢强健有力，脚上长有 5 只锋利的爪子，用来撕开食物和爬树；脸形像狗，头大嘴长，眼睛与耳朵都较小，臼齿大而发达，咀嚼力强；体毛又长又密，尾巴短小。它平时用脚掌慢吞吞地行走，但是当追赶猎物时，它会跑得很快，而且后腿可以直立起来。你们猜一猜，它是谁呀？

生：熊！

教师播放“熊”字的演变过程。

师：在三十年前的一天傍晚，有一个小女孩出生，看着可爱的女儿，爸爸心想：我该给闺女起什么名字呢？爸爸无意间抬头看了看天空，晚霞真是太美了，于是他就对妈妈说："咱们的女儿就叫熊霞吧。"妈妈赶忙说："霞与瞎同音。"这时院子里传来一阵狗的叫声。爸爸和妈妈不约而同地朝院子里望去，院子里有一株牡丹花，花朵开得正艳，粉粉嫩嫩的，于是，妈妈灵机一动，就想出一个好听的名字。同学们，你们猜猜。

生：熊娇！

3.动画视频、歌曲导入

课前播放动画视频、歌曲能很快地将学生已经分散的注意力集中起来，不管是低年级，还是中高年级，选择符合各个年龄段学生的特点的导入方式，一定会让学生马上活跃起来。

《小马过河》的导入：

师：今天老师给大家带来了一个动物朋友，你们想知道他是谁吗？

生：想！

师：这个小动物呀，藏在老师马上要播放的歌曲里，请同学们仔细观察，认真倾听，把小动物从视频中请出来。请伸出你们的小手，跟着节奏一起拍手，会唱的同学一起唱吧（播放歌曲）。同学们猜出来了吗？他是谁呀？

生：小马！

师：是小马吗？我们一起倒数"三二一"，揭晓答案（出示小马的图片）。咱们给小马打打招呼吧。

生：小马你好！

师：咦？小马想干什么呢？下面我们就一起看一看吧。

4.画图猜课题

"三笔一画"是教师应该具备的基本功。自从有了课件，教师的这项基本功就淡化了，课件在某种程度上提高了学生的学习兴趣，但是学生要的是教师的真知灼见。如果一位教师的“三笔一画”过硬，也会让学生折服，利用画图猜课题可以加深学生对课题的理解，引发学生对课文内容的好奇心和深入学习的迫切欲望。教师请学生自愿参与或者指定学生，给他（她）一张写有关键词的卡片和一支白板笔。学生和教师合作在 30 秒内考虑怎样通过图画表现这个课题，然后画下来。“画图者”不能通过肢体语言给出暗示，其他学生只能根据图画猜测答案。学生可以举手回答，也可大声说出答案。当其他学生说出正确答案或者规定时间截止时，“画图者”停止作画。

《青蛙卖泥塘》的导入：

师：我知道咱们班的孩子都是画画的小能手，老师手里有两张卡片，谁能够把卡片上的文字用画画表现出来？谁敢接受挑战？下面的同学可要仔细观察哟，根据他们画出来的图，猜一猜卡片上词语是什么。

教师选了两个学生，一个学生用简笔画画青蛙，一个学生用简笔画画泥塘，教师在一旁指导，规定学生在一分钟内完成。

师：你们猜猜，他们画的是什么呀？

生 1：青蛙！

生 2：泥塘！

师：你们真是太聪明了！青蛙在泥塘边干什么呢？

教师提问完，就在青蛙的手里画了一个大喇叭，他把学生画的青蛙图稍做改动，让喇叭对准青蛙的嘴巴，并在喇叭口写上“50 元，经济又实惠”，图被教师轻轻一改，学生就知道青蛙在干什么了。

生 3：青蛙卖泥塘！

师：这就是我们今天要学习的课题——《青蛙卖泥塘》

5. 游戏导入

在课前导入时，教师组织学生开展适当的游戏活动，既有助于学生肢体协调能力、智力、交际能力的发展，又有利于激发学生的学习兴趣。实践证明，科学地采用游戏导入对教学大有裨益。把教学作为一种游戏，让教学具有游戏的乐趣，在师生之间建立平等、民主的关系。设置轻松的教学环境，让学生自由表达观点和情感，主动积极地参与到课堂中来。

《小兔运南瓜》的导入：

师：你们喜欢玩游戏吗?

生：喜欢!

师：请用一个字描述图画中人物的动作，请看大屏幕!

生：推、拉、抬、扛、滚、抱、提。

师：孩子们真是太厉害了！我要把游戏升级，加大难度！请用一句话来描述图画上的人在干什么。

生1：小明和小刚在抬水。

生2：工人叔叔在扛东西。

生3：妈妈在抱西瓜。

生4：叔叔在推车。

师：在日常生活中，我们搬运东西的方法很多，同学们可以根据实际需求，选择合适的方法。糟了，有一个小动物遇到一个难题，想请大家帮帮它，聪明的宝贝们，你们愿意吗?

生：愿意!

6. 创设情境导入

（1）创设情境导入能集中小学生的注意力。小学生的好奇心强，活泼好动，上课时容易受到外界因素的干扰，这使得他们的注意力的集中时间较短。创设情境导入能把小学生的注意力吸引到教学中并且长久地保持在学习中。

（2）创设情境导入让学生体会到学习的快乐。创设情境导入以学生的全面发展为目标，而不是仅仅以动作技能的教学为中心，将声情饱满的动作讲解融入真实的课堂情境当中，让学生在快乐的体验中学习，在学习中体验到快乐，充分体现出学生的主体地位。

（3）创设情境导入有利于培养学生的审美能力。创设情境导入把多媒体引入课堂教学，通过呈现优美的画面，让学生感受到美，提高他们的审美能力。来欣赏一下这个教学片段：

师：天冷极了，下着雪，今天是大年夜，可是我连一根火柴都没有卖掉，唉，回去一定是要挨打的，有哪个好心人愿意买我的火柴？

教师走到一个学生面前，问："刘同学，你愿意买我的火柴吗？"这个学生回答道："不愿意！"教师叹了一口气，说："没人愿意买我的火柴！"教师又走到另一个学生面前，问："张同学，你愿意买我的火柴吗？"这个学生回答道："我愿意，到我家里去吧，我家里很暖和！"

师：谢谢你，张同学，你真有爱心！要是丹麦作家安徒生笔下的"卖火柴的小女孩"能够遇到你，该是多么幸福呀！下面，我们就一起走进课文，去认识这个可怜的"卖火柴的小女孩"吧！

四、导入的方法要符合学生的年龄特征

导入方法除了新、多样化之外，还要符合低、中、高各个年级的学生年龄的特点，如低年级的学生比较喜欢游戏、视频、歌曲导入；中年级的学生比较喜欢创设情境、谜语、视频导入；而高年级的学生比较喜欢的是教师的

真知灼见，他们会把教师当成自己的偶像。因此，所用的视频，最好是教师自己拍摄或表演的，歌曲最好是教师自己唱的。用教师的语言魅力、表演技巧或一技之长来感染学生，导入的效果会更好。

导入是一门艺术，也是一门很深的学问，在今后的探索路上，笔者会紧跟省级乡村名师工作室的步伐，不断实践，不断创新。

三　小学语文课堂作业设计

小学阶段的作业设计看似简单，而要有效地达到设计的目的，实际上是一个复杂的系统过程。语文作业的有效设计，特别是乡村学校的语文作业的有效设计尤为复杂。根据乡村小学生的生活和学习环境，在教学实践中，教师不仅要保证教学质量和学生语文学业水平的发展，还要努力减轻学生的课堂作业负担，让学生的课堂作业与实际生活紧密联系，能指导学生进行一些基本的实际应用。本文就乡村小学课堂语文作业设计的有效性进行初步探讨。

一、传统乡村学校小学语文课堂作业有效性设计的初析

《基础教育课程改革纲要（试行）》中提出："倡导学生主动参与、勤于动手、乐于探究，培养学生搜集和处理信息的能力、获取新知识的能力、分析和解决问题的能力，以及交流合作的能力。"这要求我们更加关注课堂作业的实践性、人文内涵和有效性，引领我们对语文课堂作业设计进行反思。如何结合乡村学校学生实践优势的条件实现语文课堂作业的有效性设计，无疑成为我们乡村小学语文教师研究的课题。传统教育实践中，语文课堂作业不只是教师检测学生课堂学习效果的手段，同时也经常用来帮助学生巩固课堂教学知识。由于很少考虑语文课堂作业与学生生活实践运用的关联性，其作业设计难免过于机械或简单，有效性不强，学生容易遗忘。对教师来说，传统小学语文课堂作业设计也只是总结教学得失、改进教学策略、检查教学效果

的途径之一，甚至只是为了应付上级各部门的检查而完成的基本任务。因此，乡村学校传统的语文课堂作业设计远远达不到《基础教育课程改革纲要（试行）》中的要求，不能提升学生的实践和运用能力，也不能提升学生的语文素养，更不能提升教师的教学水平。

二、乡村学校小学语文课堂作业有效性设计的基本特征

针对乡村学校小学语文教学与城市小学语文教学的差异、学生生活和学习环境的差异，其小学语文课堂作业设计的有效性应该有以下两大特征：

一是所设计的语文课堂作业是否与学生的生活学习环境息息相关，是否与学生的发展相匹配。乡村学校的小学生最关注的是什么，他们天天生活、学习的环境是怎样的，他们熟知的世界是怎样的。如果语文教师认真分析文本教学目标与学生实际生活的关联，在作业设计上稍做改善，把课堂作业设计与课外生活关联起来，激发学生完成作业的能动性，既可以起到减轻学生负担的作用，又可以完成教学任务。

二是所设计的语文课堂作业是否有利于将农村传统淳朴、良好的乡风民俗和生活习惯化作学生语文素养的养成和提升手段。相对于城市学校的小学生，乡村学校的小学生的人生观和价值观在客观上是存在差别的，所见、所闻、所做更是千差万别，但这并非坏事。小学语文课本中关于描写和表达农村风貌、民风民俗、乡野人家生活的诗歌、散文、童话、小说等题材的文章也很多，这些文章选入小学语文课本，其目的之一就是提升和培养学生的语文素养。作为乡村小学语文教师，在设计课堂作业时，我们只要善于发现农村中的自然风貌、良好的乡风民俗等天然资源，和语文课本中的相关文章结合起来，同样能激发学生的学习主动性和积极性，从而达到培养和提升乡村小学学生

的语文素养的目的。

三、乡村小学语文课堂作业有效性设计的初探

前面简单分析了传统乡村小学语文课堂作业设计的有效性现状和特征，现对乡村小学语文有效性课堂作业设计做粗浅的探索。

1. 乡村小学语文课堂作业种类

基于文本教学的顺序可把作业分成预置类作业、及时类作业、后续类作业三个种类，其作用各不相同、相辅相成。其中，预置类作业和后续类作业在这里把它们归在课堂作业中有些牵强，但其对教师的课堂教学、学生课堂学习却很重要。因此，要充分发挥它们各自的功能就要求乡村小学语文教师结合文本教学目标要求与乡村学校学生学习生活环境，课堂作业要精挑细选，经得起推敲。

（1）预置类作业。其中有两种类型的作业：一是根据教学目标要求，让学生提前自行主动解决文本学习中的部分字词障碍。二是知识扩展延伸性要求，教师根据文本内容，让学生通过自己动手查阅资料或户外采集相关标本、故事及实践体验来理解、领悟文本。这类作业常带有一定的引导性、预见性或强制性。

（2）及时类作业。这类作业是要求学生当堂完成的，它是课堂教学的重要组成。结合课堂教学目标进度和预置作业作用，用于检测学生的课堂学习效果。根据乡村学校学生的生活学习环境、学生个体差异等的不同，在设计时，要具有层次性和针对性，即要检测出学生的学习效果，让学生获得成就感并勇于面对自身存在的不足，激发学生继续发扬优点和主动弥补不足的内生动力。

（3）后续类作业。也称为弥补巩固类作业。这类作业一方面为教师下一教学目标的实现和上一教学目标的巩固提供帮助，为学生前一堂课学习效果的巩固和本课达成更好的学习效果服务；另一方面将学生从文本中所学到的知识转化为学生的技能、技巧，同时在“转化”的过程中逐步培养学生解决问题和分析问题的能力，在潜移默化中养成和提升乡村小学学生语文素养。

2. 作业的布置

根据文本的教学目标、教学重难点与乡村小学学生对语文的学情分析，结合上述三类作业的功能，现在主要围绕语文课堂作业的层次，就其课堂作业布置的有效性展开探究。

（1）从作业量上下功夫，做好乡村学校小学语文课堂作业的分层布置。要把握好作业量，首先要求教师把每个学生的学习环境、生活环境、个体发展等情况了解清楚，并根据所掌握的情况进行作业布置。对自制能力强、语文基础扎实、知识掌握快而灵活的学生要减少书面作业量，以免让学生产生学习抵触心理和厌学情绪；对那些基础不好、学习态度不端正的学生要适当增加作业量；对学习态度好、自控能力强但学习方法有问题的学生，要控制好不同类型作业的作业量。做好作业量的控制，在作业量上下足功夫，既能使优等生有自我、自主发展的时空，也能使后进生得到充分的练习，促进学习能力的提升。

（2）从作业难简度上下功夫，做好乡村学校小学语文课堂作业的分层布置。这要求教师结合班级学生语文基本功的差异，首先做好学生方面的分层，再根据学生分层设计作业的难简度分层。具体操作中，可以在每个大的难简度阶段层次设计几个小阶段难简度层次供学生自行选择作业题，题目的难度由浅入深、从简到难，能够使每个学生都有事可做且有所获，并品尝到学习成功的喜悦和乐趣。

（3）从学生兴趣爱好上下功夫，做好乡村学校小学语文课堂作业的分层布置。这就要求教师在平时要善于发现学生的兴趣爱好并能及时做好学生的团体分层，结合文本内容教学目标、主题、形式与学生的生活环境等，根据学生兴趣导向设计并布置作业。激发学生自主完成作业的主观能动性，反而会取得更好的学习效果，从而培养学生的语文素养、提升学生的语文学习能力。

（二）乡村学校小学语文课堂作业的点评

有效的小学语文课堂作业设计保障了小学语文教师完成教学任务，减轻了学生的学习负担，检测了教师的教学效果，但对于学生来说，要让学生知道自己的学习效果，教师的课堂批改和点评则起到画龙点睛的作用。学生完成得怎么样教师要及时给予批改矫正或点评，这样学生才能心中有数，才能有针对性地进行自我提升和自我加强。就当前乡村学校小学语文学生作业的批改，笔者认为大致有三种方式：典型错误教师点评、个别错误学生互评、开放答案集体订正。

1. 典型错误教师点评

这种方式要求教师在学生自主完成作业的过程中，边走边看，及时发现并总结分析学生作业中的错误类型及其错误原因，主要适用于学生的课堂作业。对错误点评矫正，便于教师与学生做实时的沟通、对话，同时对全体学生进行指导。

2. 个别错误学生互评

这种方式要求教师引导学生，特别是同桌或前后桌学生、优等生和后进生之间建立好良好的信任和合作关系。乡村小学每个班学生都比较多，教师来不及对学生课堂作业进行点评的情况下，采用学生互评不失为一种有效的方法。这既可以增进学生的沟通，又可以让学生互相发现不足，形成互补、互相帮助的良好学习习惯。

3.开放答案集体订正

小学语文课堂作业的布置是分层次的，加上乡村小学学生的学习、生活环境及个体认识的差异，除了知识性的客观基础题，绝大多数题目的答案开放性极强，教师的点评和学生的互评达不到作业设计的目的，同时也不利于学生学习能力的提升和语文素养的培养和提升。这就要求教师组织全体学生就某一开放性的题目展开讨论，大家一起分析，教师要引导和把握好导向，对学生的回答适时给予肯定和引导。这样既能培养学生的想象能力、分析能力和综合能力，又能保持学生的学习积极性和主动性。

对传统乡村学校小学语文课堂作业有效性设计的初析、乡村学校小学语文课堂作业有效性设计的基本特征、乡村小学语文课堂作业有效性设计的初探、乡村学校小学语文课堂作业的点评四个方面的初步探索，只是抛砖引玉。乡村学校小学语文课堂作业设计研究是一个复杂而又与整个语文教学有机统一的整体，它只是语文教学中的一个环节，以上论述只是专门针对课堂教学而展开的初探，要让这个环节在乡村学校语文教学中发挥应有的作用，还需大量乡村教师的不断参与和辛勤的教学实践来检验与总结。

四　课堂结束方式方法

课堂开始的前几分钟尤为重要，在这短短的3—5分钟，教师的导入直接影响学生的学习兴趣和参与教学活动的积极性。一堂课结束时更为重要，学生可能会把所学内容联系起来，并思考怎样把这些内容融入已经掌握的知识体系中；他们可能会反思自己的课堂表现，努力提高自己；他们可能记住一些“零散”的观点，对所学知识没有整体认识；他们也可能会迫不及待地等待下课。因此设计好课堂结束活动直接影响课堂效果。通过参与省级乡村名师工作室送教下乡活动，笔者发现，很多乡村教师都存在以下问题：

1. 反复配乐读课文

很多教师在教学中，发现学生配合得太好，提前完成了预设的教学内容，于是，教师就让学生反复地配乐朗读课文。

2. 无效问题过多

一个教师在执教《花之歌》一文时，她用25分钟完成了新课内容，为了让学生的积极性在剩下的时间里不减弱，于是，她播放了一首优美的歌曲——《好一朵美丽的茉莉花》，并插入了很多美丽的花的图片，学生欣赏完了之后，教师就提出了这样一个问题：“你们最喜欢哪种花？说一说这些花是什么样子的。”她的话音刚落，学生就七嘴八舌地说起来，但是，遗憾的是学生没有因为“秋菊能傲霜，风霜重重恶”而喜欢菊花，也没有因为“已是悬崖百丈冰，犹有花枝俏”而喜欢梅花，更没有因为“出淤泥而不染，濯清涟而不妖”而喜欢莲花。她提出的这个问题，毫无研究价值，脱离了本节课的主题。她面对的是六年级的学生，在课堂结束时，她让学生欣赏的是花的表面，外在的美，而没有让学生真正以花的内涵去欣赏这些花所具有的高尚品质。

3. 用抄作业的方法结束一堂课

也有很多教师，在课堂快要结束的几分钟，就布置生字或词语，让学生比赛写，看谁写得又对又快。教师就像一只花蝴蝶或小蜜蜂，在教室里飞来飞去，这里看看，那里停停，指点学生。如果学生提前写完了，就再多写一遍；如果学生没有写完，就让学生停下笔，下一节课再做。

4. 枯燥无味的总结

有的教师，生怕学生没有学懂本节课的内容，就在课堂快要结束的几分钟里，把课件从头到尾地再放一遍，一个人站在屏幕前，不停地总结，一个人唱独角戏，学生坐在下面，一声不吭，但心早就飞出了教室。

我们都知道，小学生注意力集中的时间都比较短。因此，一堂课中，有了好的开始，还要有好的结尾，才能吸引学生的注意力，提高他们的学习兴趣。好的结尾和好的开始存在很多共同点，并且和任何一场优秀的教学活动也有很多相同之处。因此，教师在设计课堂结束活动时，目标必须明确，指令清晰。

设计的活动内容要创新，要具有多样性。学生的参与度要高，活动内容的范围要广，激起学生的挑战欲望，同时要把握好节奏。在省级乡村名师工作室的名师、骨干教师的示范引领下，笔者总结出了一些有效的课堂结束活动方法。

1. 利用关键词讲故事

这是一种神奇的方法。学生可以在课堂结束活动中，使用教学内容中的关键词讲故事，让学生分组练习，共同完成任务，整个过程会更加有趣，效果也会更好。如一位四年级的教师在执教统编版一年级下册《小兔运南瓜》一文时，是这样设计课堂结束活动的：

师：同学们，老师要为你们今天的表现点赞，接下来，我们来玩一个游戏，这个游戏的名字叫作“我是讲故事小能手”，游戏规则如下：

根据屏幕上的词语提示，几个同学为一个小组，共同来复述这个故事，你们敢接受这个挑战吗？

生：敢！

师：好，请看大屏幕（出示重点词：一天、南瓜地、推、拉、抬、抱、滚、夸、动脑筋）。同学们先在小组内交流，再以小组为单位，比赛讲故事。

学生根据重点词，结合自己的想象编了一个有趣的故事。

生（小组）反馈：一天，小白兔邀请森林里的小动物到她家去玩。兔妈妈很热情，准备为小动物做好吃的南瓜饼。可是，小白兔家里没有南瓜，兔妈妈就叫小白兔去南瓜地里摘南瓜。南瓜地里的南瓜又大又圆，小白兔真是太开心了。可是，问题来了，小白兔怎样才能把南瓜运回家呢？她想抱回家，可是太重了抱不动；她想推，可是没有推的工具；她想用瓜藤拉，但容易把瓜藤拉坏；她想叫朋友们一起抬，费力又耗时。终于，她灵机一动，用滚的方式，很快，她就把南瓜滚回家了。小白兔在遇到困难时，开动脑筋想办法，解决了遇到的难题。

2. 佩尔曼式记忆训练法

记忆游戏对于改善学生的记忆力有很大的帮助，可以培养他们的集中精神和用心灵去观察事物的能力，佩尔曼式记忆法就是其中最出色的游戏之一。玩佩尔曼式记忆法的时候，需要用一副扑克，或任意一张图片、明信片，游戏没有人数限制。

有一位教师在执教四年级下册语文《古诗三首》一文时，利用的就是佩尔曼式记忆法，他是这样设计一个精彩的课堂结束活动的。

师：同学们，我这里有二十张牌，牌上有相应的图画、诗句、诗人及其朝代。下面，老师给你们五分钟时间，识记每张牌上的内容，五个同学为一组。待会儿老师会把这些牌面向下，你们每组的五个同学，要把完整的一首诗的牌从中抽出来，游戏开始。

教师把二十张牌打乱顺序，让学生识记。五分钟之后，教师把二十张牌的牌面朝下，让五位同学根据自己的记忆，说出自己识记的牌上的内容，五位同学按顺序、有感情地把内容说出来。

生 1：独坐敬亭山，【唐】李白

生 2：众鸟高飞尽

生 3：孤云独去闲

生 4：相看两不厌

生 5：只有敬亭山

这位教师用游戏的方式来进行背诵诗歌这一个环节，会更高效，学生也会乐在其中。

3. 运用肢体活动，加深印象

有一次，工作室开展送教送培下乡活动时，来自不同学校的两位乡村教师同时选择执教一年级下册口语交际《小兔运南瓜》一文，第一位教师设计的课堂结束活动就是上面提到的第一种方法——利用关键词讲故事，而第二位老师的方法与第一位方法截然不同，她是这样设计的：

师：刚才在小朋友们的帮助下，小白兔终于把南瓜运回家了，下面，请注意看老师的动作，你们用一个字来表示。

生：推、拉、抬、抱、滚。

师：下面，老师要增大难度了，把一个字变成像这样的一句话（出示例句：小兔小兔运南瓜啊，推呀推呀）。接下来，老师给你们两分钟，在小组内编一编吧。

生反馈：

小兔小兔运南瓜啊，拉呀拉呀，

小兔小兔运南瓜啊，抬呀抬呀，

小兔小兔运南瓜啊，抱呀抱呀，

小兔小兔运南瓜啊，滚呀滚呀，

哈哈哈，我终于把南瓜运回家啦！

师：同学们真是太聪明了，老师还要加大挑战难度。下面，老师要放一首音乐，你们根据这首音乐的节奏，把刚才编的这首儿歌加上动作，一边念一边跳。

学生在教师的带领下欢快地舞动。整个教室充满了学生的欢声笑语。一节课结束了，学生意犹未尽，都跑到教师面前，请求教师再给他们上一节课。

还有一次，一个教师在上词语盘点时，设计了这样一个课堂结束活动——我来做，你来猜。

师：下面我们来玩一个游戏——我来做，你来猜。请听游戏规则，两个同学为一组，一个做，一个猜，根据大屏幕上出现的词语，只能用肢体动作表示出来，大家做好准备了吗？

游戏开始，老师把全班同学分成了十五个小组，大屏幕上依次出现这些词语：挤眉弄眼、抓耳挠腮、手舞足蹈、东张西望、上蹿下跳、东倒西歪等，大家轮流来猜。

这个游戏让这些词语在学生的大脑里留下了深刻的印象，同时也让他们轻松愉快地巩固了这节课的知识。

4. 高效提问法

师生之间的提问是课堂的重要组成部分。有效的提问，可以检验学生在本节课的学习效果。在课堂结束时，改变提问方式有助于调动全班学生的积极性。通过寓教于乐的方式帮助学生理解教学内容，对提高课堂的优质性有很大的作用。

（1）魔法袋：教师在课前根据课文内容准备一些问题，放入魔法袋里面。魔法袋有三种——初级、中级、高级魔法袋。六个学生为一组，学生根据自己的实际情况，选择不同级别的魔法袋。这样，既巩固了所学内容，又培养了学生合作、团结、互助的能力。

（2）不能说“是”与“否”竞争式提问

有一位教师是这样做的：在课堂结束前的五分钟，她把学生分成两个挑战队，设计了一些问题，让两个队各派选手回答，说明观点。三个评委公平公正地根据两个队的答案进行评分，哪个队的队员答对了，就加分。这样，学生就会积极主动地去思考教师提出的问题。

5. 游戏秀

爱玩游戏是孩子的天性，如果在课堂结束时，设计一些与课文内容有关的游戏，一定会大大提高学生的参与程度。

如：一位教师在执教统编版小学语文二年级下册《雷雨》一课时，在课堂的结尾，他想检验一下学生是否知道雷雨前、雷雨中和雷雨后的美景。于是，他在希沃白板（一种互动教学工具）游戏功能里插入了一些图片和句子判断，计时一分钟。学生在玩游戏的过程中，既回顾了所学内容，又培养了判断能力。还有一位教师，他想让学生明白不认真听别人说话的后果，于是，他在课堂结束活动中，设计了一个传话筒的游戏。他把学生分成四个组，每个小组选出一名学生，教师分别把要传的内容悄悄地告诉他们，他们又往下传，结果，答案五花八门。学生在这个游戏中知道了认真倾听的重要性。

6. 动手画

有一位乡村教师执教《青蛙卖泥塘》一文时，是这样来设计课堂结束活动的：

师：青蛙听了小动物的意见之后，把池塘的环境变得很美丽。于是，他再也不想卖掉池塘了，孩子们，你们最喜欢哪个小动物，他给青蛙提出了什么意见？

生 1：我最喜欢老牛，他的建议是在池塘边种草。

生 2：我最喜欢野鸭，他的建议是往池塘里多放点水。

生 3：我最喜欢小鸟，他的建议是在池塘边种树。

师：怪不得池塘会变得这样美丽，如果是你，你还能为小青蛙提出哪些建议呢？下面我们就把这个建议用画的形式表现出来吧。

学生在优美的轻音乐中展开丰富的想象，这样既巩固了课文的内容，又培养了学生动手画画的能力，效果不言而喻。

7. 课本剧表演

最能让学生留下深刻印象的方式不是让学生把课文内容死记硬背下来，而是要让学生走进课文，成为课文中的重要人物，用心去感受。一位乡村教师在执教四年级下册《小英雄雨来》一文时，他事先根据课文内容设计好了一个课本剧，配上音乐，为学生创设情境，学生用表演的形式把课文中人物的形象展现得淋漓尽致。我们要相信学生天生就是表演家、艺术家。

师（旁白）：在抗日战争期间，晋察冀边区有一位叫雨来的小英雄。他的游泳本领很高，他通过上夜校，学会了这样一句话“我们是中国人”，并把这句话深深地刻在脑海里。一天，他为了掩护交通员李大叔，智斗鬼子，他在鬼子的威逼利诱下毫不动摇，体现出了毫不畏惧的英雄气概。

生1（扮演扁鼻子军官）把书扔在地上，伸手往皮包里掏。

生2（扮演雨来）：“掏什么呢？找刀子？鬼子生了气要挖小孩眼睛的！”

生1（扮演扁鼻子军官）掏出来的却是一把雪白的糖块，把糖往雨来手里一塞，说：“吃！你吃！你得说出来，他在什么地方？”又伸出那个戴着金戒指的手指，说：“这个，金的，也给你！”

生2（扮演雨来）没有接他的糖，也没有回答他。

生3（扮演旁边一个鬼子）嗖地抽出刀来，瞪着眼睛要向雨来头上劈。

生1（扮演扁鼻子军官）摇摇头。

两个人叽叽咕咕说了一阵。

生3（扮演旁边一个鬼子）向雨来横着脖子翻白眼，使劲把刀放回刀鞘里。

生1（扮演扁鼻子军官）压住肚里的火气，用手轻轻地拍着雨来的肩膀，说：“我最喜欢小孩。那个人，你看见没有？说呀！”

生2（扮演雨来）摇摇头，说：“我在屋里，什么也没看见。”

生1（扮演扁鼻子军官）的眼光立刻变得凶恶可怕，向前弓着身子，伸出两只大手。那双手就像鹰的爪子，扭着生2（扮演雨来）的两只耳朵，向两边拉。生2（扮演雨来）疼得直咧嘴。生1（扮演扁鼻子军官）又抽出一只手来，在生2（扮演雨来）的脸上打了两巴掌，又把他脸上的肉揪起一块，咬着牙拧。

生2（扮演雨来）的脸立时变成白一块，青一块，紫一块。生1（扮演扁鼻子军官）又向生2（扮演雨来）的胸脯上打了一拳。生2（扮演雨来）打个趔趄，后退几步，后脑勺正碰在柜板上，但立刻又被抓过来，肚子撞在炕沿上。

生2（扮演雨来）半天才喘过气来，脑袋里像有一窝蜜蜂，嗡嗡地叫。两眼直冒金星，鼻子流着血。一滴一滴的血滴下来，溅在课本那几行字上：

“我们是中国人，

我们爱自己的祖国。”

生1（扮演扁鼻子军官）打得累了，生2（扮演雨来）还是咬着牙，说：“没看见！”

生1（扮演扁鼻子军官）气得暴跳起来，嗷嗷地叫：“枪毙，枪毙！拉出去，拉出去！”

师（旁白）：面对鬼子的毒打，雨来宁死不屈，坚决不说出李大叔的下落。他们把雨来带到还乡河畔，砰砰，枪声响了。李大叔得救了，他和乡亲们一起赶到还乡河畔，看着河水，人们的眼前模糊了。

生4（李大叔扮演者）：“都怪我，是我害了雨来。”他号啕大哭。

生5（乡亲扮演者）：“这可怜的孩子，还那么小，就勇敢地牺牲了。”

生6（乡亲扮演者）：“我们一定要为雨来报仇，把这些畜生打死！”

师（旁白）：雨来的妈妈听到这个消息迅速赶来，她呆呆看着河面，嘴里喃喃自语。

生7（雨来的妈妈扮演者）：“我的孩子还活着。”

师（旁白）：“在人们悲痛欲绝的时候，从芦苇丛中探出了一个小脑袋。”

生8（铁头扮演者）惊呼：“看，是雨来！”

生9（三钻儿扮演者）大叫：“真的是雨来，他没有死！”

一起大叫：“真的是雨来，他没有死！”

全班同学（扮演乡亲们）：“雨来没有死！雨来没有死！”

一节课，对于一部分教师来说，从开始到结束都像是一场灾难，有些学生总是乖戾难教。特别是在快要下课的十分钟里，学生已经疲惫，这个时候，如果没有良好的结束活动，可能就是教师一个人唱独角戏，虚度时间。课堂学习的最终目标就是让学生掌握所学的知识，用学到的方法去解决日常生活中的问题。课堂结束活动的存在就是要帮助学生牢记他们上课时学到的知识，如果课堂设计只是为了“走过场”，学生记住所学知识的比例会有所降低。利用课堂结束前的几分钟，我们可以检查学生的学习情况。此外，我们可以通过学生的反馈情况和表现，反思我们这节课中的不足，从而改进教学方法。

在学习相关任务的时候，学生可能会得到他们在课堂上不曾学到的新理解、新联系，适当的课堂结束活动可以有效地拓展他们在所学概念和技能方面的相关知识。学生也可以通过课堂结束活动,知道自己还没有掌握哪些知识，并想方设法地去获得这些知识，弥补差距。那么，对于课堂结束活动的设计有什么建议呢?

很明显，课堂结束活动与教学目标之间必须要有联系，努力确保学生真正学会教师所教的内容，更重要的是要能铭记于心，熟练掌握。因此，我们在设计一节课之初，就必须同时兼顾课堂结束活动与教学目标，因为二者不可避免地互相产生影响。有的课堂结束活动需要解决一个大问题，就是当知识覆盖面广，或者知识点非常分散的时候，应该在何时结束活动，才能取得良好的效果。如果教学目标过于分散或太多，就不能很好地巩固，所以，设计课堂结束活动的关键包括以下几点：

第一，把课堂结束活动与教学目标联系起来；

第二，尽早地向学生公布课堂结束活动的内容；

第三，课堂结束活动要创新，符合学生的心理发展特征；

第四，迷你课堂结束活动课程展示。

五　高效课堂教学实践

我国经济发展的不平衡性，导致我国乡村与城镇的小学教学存在差距，乡村小学的师资力量不够强大，学生在学习的过程中，只能依赖仅有的教材，无法拓宽视野，也严重缺乏实践练习。随着时代的发展和社会的进步，尤其是随着新课标的出台，相关部门应当对乡村小学的教学与教学方法进行发展与完善，提升乡村小学的教学质量，提升学生的学习效率，使语文课堂变得更加高效。

课堂是否高效，就需要从学生的角度去看，看学生是否能够在有限的时间里将所学到的课堂知识转化为现实应用。但是即使使用同样的教材，在课程安排与课程时间上也没有差别，绝大多数的乡村地区的小学教育，与城镇的小学语文教育仍存在着较大的差距，究竟是什么导致了两者的差异性？要通过怎样的办法来提高小学语文教学的效率，使学生能够在有限的时间里得到更多的知识呢？

一、小学阶段学生的身心发展特点

步入小学阶段的学生的年龄为六七岁，该阶段的学生对教师的学习要求不会做到全部服从。且处于小学阶段的学生心理承受能力极其脆弱，感觉随时都会受到伤害。但是处于小学阶段的学生，喜欢尝试新鲜事物，因为这一阶段的学生有着极强的求知欲与好奇心，只要激发起了他们的兴趣，他们学习的效率也会随之提升。所以教师在对学生进行教学的时候，要了解这一阶段学生的心理，通过对学生的不同特点进行归纳总结，通过对学生进行心理疏导，使其能够完全投入到学习中来，从而打造高效课堂。

二、乡村小学课堂的现状

随着高效课堂的推进与发展，各学校都在争先恐后地转变高效课堂模式。但是就目前的情况而言，尤其是在乡村的小学教学当中，仍存在着许多问题。教师只是流于形式地践行“高效”两个字眼，却忽略了学生才是高效课堂建立的中心与重点，这也就使得高效课堂建立的根本目的发生了变化。

（一）教师对于高效课堂的理解流于表面

高效课堂的建立有其独特的模式、特点。例如引导与合作，部分教师在教学的时候，对课堂的教学环节进行了精心的设置，虽然教师按照自己所设计的环节在一步步行进，但是这种课堂没有从学生的角度出发，不仅忽视了生成性的内容，还使得教师在教学的过程当中没有激发出学生的学习兴趣，没有对学生的学习起到引导作用，没有使学生很好地融入课堂。这种课堂教学不仅没有达到高效课堂的目的，也没能好好利用上课时间。

（二）课堂教学没有与学生的兴趣培养相融合

在小学语文的教学当中，学生的学习兴趣尤为重要，学生只有有学习兴趣，才能够更好地吸收知识。但是多数教师的做法并没有很好地权衡两者的关系，部分教师在教学过程中，过于重视对学生学习兴趣的培养。尤其随着信息技术的发展，多媒体教学盛行的环境下，教师在教学的过程中，过于依赖多媒体教学，反而忽视了课本，这也就使得教学任务无法得到很好地完成。而与之相对的，教师在对学生授课的过程中，忽视了对学生学习兴趣的培养，反而将学生的学习成绩摆在首要位置，在进行课堂教学的时候，没有营造良好的学习氛围。教师对课堂的高标准和高要求，使学生压抑了活泼的天性，形成了被动的机械的学习方式。学生处于这种教学模式下，渐渐地也就失去了对学习的兴趣。因此，上面所述两种教学方式，都无法正确建立高效课堂，教师在教学的过程中，应当把握好教学的尺度与方法，将培养学生的学习兴趣与教学目标完美地融合在一起，更好地把握课堂教学，使高效课堂得以建立。

（三）教师与学生的关系没有达到平衡

师生关系是社会关注的一大热点，教师如果不能够处理好与学生的关系，就会让高效课堂无法正常开展。一些教师在对学生进行课堂教学的时候，主张与学生打成一片，使自己能够完美地融入学生当中，这种做法会导致学生对教师这角色在心理上发生变化，不再将教师说的话放在心上，课堂纪律也无法很好地维持，教师失去了其本该有的威严。而填鸭式的教学方式则使课堂无法活跃起来，学生只是在机械地背诵知识点，教师与学生之间产生了距离感，这也就使得课堂效果不明显，学生的学习效率也没有得到提升。所以，教师处理好与学生之间的关系，把握好分寸，才能建立起完备的高效课堂。

（四）课堂教学的拓展延伸做不到位

在语文教学过程中，学生的语言积累十分重要，所以就需要教师进行语文教学的同时，要拓宽语文的知识面，使学生可以通过课本知识的延伸，对课本之外的知识进行积累。但是许多教师在教学的时候，没有对乡村学生进行调查研究，在对乡村学生的学习状况没有深入了解的前提下，对学生学习的内容进行随意的拓展，不仅导致学生很难进行理解与记忆，而且使得学习目标无法完成。

三、乡村小学语文高效课堂无法有效展开的原因

（一）教师方面的原因

首先，由于教师的思想被传统的教学思想所把控，这使得教师对于新的教育理念不能有一个深刻的认知。而由于传统的教学思想，乡村小学语文课堂的教学，仍处于通过学生的学习成绩来区分定性的阶段。

其次，我国疆域辽阔，在许多偏远山区，没有专业性极高的教师进行教学授课，师资力量极其薄弱。教师的专业素养与教学能力直接影响教学质量。此外，教师如果只是对学生进行单纯的课本基础知识传授，对课本相关知识的拓展与延伸视而不见，也会直接影响学生的学习效率与知识的积累，对学生而言是无利的。

最后，教师如果不能拥有强大的责任感与使命感，那么就无法提升课堂教学的效率，无法使课堂教学体现出其应有的效果。教师的责任就是为人师表，就是培养好每一个学生。只有拥有强烈的责任感，做一个有责任心的教师，才能促使教师不断反思，改进教学方法，提升课堂教学效率。在促进学生发展的同时，教师自身也得到了成长。

（二）学生方面的原因

一方面，学生对学习没有足够的兴趣，也就没有动力去学习。相对于其他学科而言，语文的学习内容不够紧凑，知识点十分零散，学生没有认识到学习语文的重要性，学生将语文的学习时间分给了其他学科。而且处于传统的教学模式下，学生只是被动机械地汲取知识，对知识点死记硬背，没有好的学习方式，这使得学生学习语文的效率得不到良好的提升，反而降低了效率。

另一方面，学生在学习语文的过程当中，没有掌握好的学习方法。没有

一个好的学习方法，学生就无法对知识点有一个深入的了解与记忆，所以这就要求教师在对学生进行语文教学的时候，要引导学生掌握好的学习方法，去帮助学生完成学习任务。

四、提升乡村小学语文高效课堂教学的策略

（一）改变死气沉沉的课堂

不论是过去，还是现阶段，学生在课堂上的绝大多数时间内，所处的角色都是一个聆听者。哪怕是教师在课堂上设立了讨论环节，在这个环节当中，永远是学习成绩优秀的学生在讨论，并不是所有的学生都能够在讨论的过程中发散自己的思维。因此，教师要主动改变这种现状，让课堂氛围活跃起来，让死气沉沉的课堂变成交流的课堂，这种交流不仅限于师生之间，也可以是学生之间的交流。教师在对学生进行课堂授课的时候，要让自己成为学生的聆听者，去听取学生在学习的过程中的感悟与理解，不管学生发表的看法是对的还是错的，只要学生能够说出来。在这之后，教师对学生所发表的言论作出评价与指导，从而加深学生对知识的理解程度，提高学生的学习效率，同时也让学生有了学习语文课的兴趣。

例如教师教授《徐悲鸿励志学画》一文时，通过多媒体的形式展现出文章内容所处的时代背景，使学生能够直观地感受那时候的中国。这种形式使学生对徐悲鸿当时在国外的生活状况有了直观的感受，使得学生对徐悲鸿被外国人瞧不起的境遇产生共鸣。再让学生通过小组学习的方式加深对此篇课文的理解，并在小组讨论中，对徐悲鸿当时的感受有一个深刻的认识与理解。因此，教师在课堂教学的时候，要去引导学生进行交流与探讨，让学生主动学习，在讨论中发现，加深交流合作，让学生真正理解课文，从而提高学习

效率，达到高效课堂的效果。

（二）重视课本内容的解读

教师在进行备课的时候，对课文内容的解读是重要环节之一。教师在对文章内容进行解读的时候，最好以三种身份进行深入解读：首先，是从一个普通的阅读者身份出发；其次，是通过教师的身份对文章内容进行阅读；最后，是以学生的身份对文章内容进行阅读。这三种身份不仅能够使教师对文章内容有一个全方位的理解，更使得教师在对学生进行文章内容授课的时候，对学生做出有针对性的指导与教学，这样就能激发学生的学习兴趣，也使得在有限的课堂时间内，达到了教学目标。

（三）采用实践教学方法

教师在教学的时候，可以通过结合文章内容，制定一些富有趣味性的实验，将文章内容进行实际的测验。这种教学方法，不仅激发了学生的学习兴趣，还能够使学生对课本内容有更直观的感受。比如教师在教授《苹果里的五角星》一文时，可以要求学生在上课之前准备好苹果与小刀，然后让学生动手实践，让学生对课本内容有深刻的认识。

（四）让学生在小组形式下学习

教师在日常的教学过程中，要对学生的学习特性与学习状况有一个归纳总结。通过对学生基本状况的归纳总结，对学生进行分组，在课上的讨论环节当中，学生在小组中说出各自的观点，然后对小组所有的观点进行讨论。这种教学方式，不仅能够使学生更好地理解问题，并且能很好地解决问题，还能够培养同学之间团结协作的能力，促进学生之间的感情，提升学生的学习效率，提高学生的学习成绩，从而达到高效课堂教学的效果。

（五）运用现代化教育技术

随着科学技术的进步、信息技术的普及，多媒体教学已然成为新的教学方式。如果乡村学校的教师能够合理运用多媒体教学资源，不仅会给乡村小学教育注入新的生命与活力，更能够拓宽学生的眼界，使得学生的目光不局限于课本上的文字，更能使学生对文字背后的故事有一个直观深刻的认识。这样，在激发学生学习兴趣的同时，还能够让学生的学习效率有所提升。

五、总结

总而言之，高效课堂的建立不仅与教师息息相关，更离不开学生这一重要环节，课堂教学是教师与学生的双边活动，高效课堂建立的最根本目的是让学生可以更高效地学习知识，是为学生将来的发展做出的考虑。因此，教师在教学的时候，要注意将时间更多地交还给学生，让学生主动学习，调动起学生的主观能动性，同时也要注重对学生的思想品质的培养，以此来实现高效课堂的目的。

六 课堂教学提问艺术

伟大的教育家、思想家、爱国者陶行知先生曾经说过："创造始于问题，有了问题才会思考，有了思考才有解决问题的方法，才有找到独立思路的可能，虽然有问题不一定有创造，但没有问题一定没有创造。"因此，课堂教学提问是教师有效完成教学任务，促使学生主动思考，让学生思维紧跟自己教学思路的重要手段。作为省级乡村名师工作室的成员，笔者跟随工作室，在毕节市 6 个区县（大方县、威宁县、赫章县、黔西县、金海湖新区、七星关区）的 23 所学校开展教研培活动，认真倾听了 100 多名乡村教师的课，笔者发现他们的课堂提问都存在着一些问题。

一、课堂教学提问存在的问题

（一）提出的问题是无效问题

很多乡村教师在小组学习完成之后，都要叫 1—2 个组的组长来反馈他们的讨论结果。之后教师就会问其他的学生："你们讨论的结果和这两个组的结果一样吗？"这时学生为了迎合老师，都会齐声回答："一样。"从这里可以看出，教师这样的提问是无效的。还有的乡村教师在教学过程中提出与课堂无关的问题。有一次，我在听一位教师上《美丽的小兴安岭》一课时，为了突出中心——美丽的小兴安岭是一座巨大的宝库，也是美丽的大花园，他就提问一个小女生："你说你和妈妈去过桂林旅游，你认为桂林有小兴安岭美吗？为什么？"这个孩子的回答让老师措手不及，还分散了其他孩子的注意力。他们都把重心移到了是桂林美还是小兴安岭美的问题上。就是这样一个无效问题，导致这个教师的这堂课以失败告终。还有很多乡村教师都喜欢提出这样的问题：对不对？一不一样？错不错？……学生用一个简单的字就能够回答了。这些问题都属于无效问题。

（二）乡村教师课堂中提问过多、过难

满堂问，是“满堂灌”的表现形式之一。为问而问，提问不加选择，其结果是提问有余，解疑不足。课堂气氛看似热闹，学生却受益不大。或者有的时候问题过难，挫伤学生的学习积极性，使学生产生“问题厌倦症”，实质上师生之间没有真正意义上的对话。有一位乡村教师在上五年级语文《彩色的非洲》一文时，在短短的 40 分钟里就提出了 30 多个问题，而且很多问题过难，导致课堂气氛沉闷。学生无暇顾及书本上的知识，只有学习成绩好的那几个学生翻来覆去地回答教师的问题，其他学生却置身事外，成了旁观者。这节课好像只是为学习成绩好的那几个学生而上的。

（三）乡村教师没有考虑学生特点，没有针对性

每个学生，都是独立的个体。他们的性格不一样，掌握知识的能力不一样，成绩也有所差异。所以，对于教师的课堂提问，理解能力也不一样。有一次，我们去一所村级小学送教，和我们同行的有一位在镇中心学校工作了 11 年的女教师。她抽到的那个班级的学生的成绩两极分化严重，这位教师在提问时就是两种结果：提问到成绩好的学生时，回答得很好；提问到待进生时，学生一言不发。这位教师压根没有意识到同一个问题对不同层次的学生来说，难度是不一样的。

（四）乡村教师课堂提问的态度需友好

教师提问的态度，直接影响着学生回答问题的积极性。很多乡村教师在进行课堂提问时，总是板着个脸，表情很严肃。当提出的问题学生回答不上来时，他的音量就会提高八度，再加上那严竣的目光，让学生望而生畏。学生面对着这些“冷面杀手”总想避而远之，哪里还会想回答问题。

综上所述，课堂提问如果不当的话，会使原本一堂很好的课毁于一旦。因此，乡村教师对课堂提问的重要性要有充分的认识，不要随心所欲地提问。在设计问题时，一定要精心筛选，问题提出得当，就能激发学生的思维共鸣，激发学生的求知欲望。省级乡村名师工作室为大部分乡村教师搭建了平台，提高了乡村教师课堂实践的能力，也为乡村教师更好地进行课堂提问指明方向。

二、课堂教学提问应遵循的原则

（一）课堂教学提问要有效、有价值

提问是教师教学的一部分，贯穿于整个课堂教学过程。有效的课堂提问是提高教学效率的关键所在。通过师生在课堂上的提问与回答的互动，让学生普遍获得进步，实现个体的充分发展。有效的提问能驾驭参差不齐、瞬息万变的学情，能激活学生的思维，调动学生学习、探究的兴趣，既能让学生有所悟、有所获，又能使学生感受到身心的愉悦，从而使课堂教学事半功倍。提问是每堂课必需的环节，是一种集设疑、激趣、引思等为一体的综合性教学艺术。在教学工作中师生之间有效的对话便成为课堂教学的理想追求。因此一堂课的好坏其关键之一就是课堂提问是否有效。所以，作为乡村教师的我们，课前一定要认真备课，钻研教材，抓住文章的中心，设计有效、有价

值的问题。在上三年级语文《美丽的小兴安岭》一文时,我们可以这样来提问:

1. 为什么说小兴安岭是一座巨大的宝库，也是一个美丽的大花园?

2. 作者是按什么样的顺序来描写小兴安岭的?

3. 作者分别描写了小兴安岭的哪些景色?

只要紧扣这三个问题,这节课的重点、难点就会在教师的指导下迎刃而解。

(二)课堂提问要有梯度，由易到难，层层递进

课堂提问如果过于简单，学生不经过思考，就能轻而易举地回答出来。看似一堂热热闹闹的课，其实并不是好课，学生的思维能力没有得到训练。如果问题过难的话，学生半天也思考不出来，就会导致课堂气氛沉闷，学生的兴趣也不浓，因此，我们在提问时一定要有梯度，从易到难，层层递进。如教学三年级语文《海底世界》一课时，我们可以这样来提问：1. 播放海底世界的视频,让学生说一说这是什么地方。2. 你认为海底是一个怎样的世界?用一个词语来形容。3. 作者认为海底是一个怎样的世界呢？从课文中找出相应的句子。4. 作者从哪些方面介绍了海底世界的奇妙和物产丰富呢？ 5. 作者分别描写了海底世界的哪些动物、植物?

(三)根据不同班级、不同学生的特点进行课堂提问

现在很多教师理解的同课异构就是不同的教师用不同的思路、教学方法来上同一个课题。而我们工作室对成员、学员提出了更高要求：同一个教师用不同的教学方法在不同的班级上同一个课题。这对乡村教师课堂提问的能力要求就大大提高了，因为每个班级的学生的特点不同。可能同样的提问方式在甲班行得通，但是在乙班、丙班就行不通，这些都源于学生的认知水平、语文基础不一样，理解能力也有所差异。如在上二年级课文《雷雨》一

文时，提问：作者是按什么顺序来描写的？基础好的班级很快就知道是按“雷雨前”“雷雨中”“雷雨后”的顺序来描写的，而基础稍微差一点的班级连“雷雨前—雷雨中—雷雨后”都不能区分，因此，教师就不能直接这样提问：你知道什么是“雷雨前—雷雨中—雷雨后”吗？教师结合学生的生活经验，让他们理解之后，再进行第二次提问：现在你知道作者是按照什么样的顺序来写的吗？同一个问题要根据学生的特点从不同方向入手，随机应变。

（四）乡村教师课堂提问的态度要诚恳友善

很多乡村教师为了能够顺利地上完一节课，又怕驾驭不了学生，控制不了课堂气氛，所以从开始上课到下课铃响，都面无表情，这样会让学生对执教教师产生畏惧心理。只要教师一提问学生就会规规矩矩地回答，参与到教学活动中的永远是胆子大的、积极发言的那部分学生。其实，教师的一个温暖的笑容，一个鼓励的眼神，一个表扬的动作，都会拉近师生之间的距离，让师生的关系变得更加融洽，学生就会积极、“毫无顾虑”地参与到教师所创设的课堂疑问环节中来，从而乐在其中。

总之，面对新一轮的课程改革，我们乡村教师更应讲究语文课堂提问的有效性。在进行提问时，我们要做到语言亲切自然，表述准确明了，尽可能让更多的学生参与进来。语言生动有趣，把握好重点，巧妙设计每一个问题，突破每一个难点，从而取得课堂教学的最大效益。

七　课堂评价设计实践

教育测量专家格兰朗德认为，评估是所有教学成功的基础。新课程标准指出：手段和评估的形式要多样化，评价结果的说明应使用鼓励语言作为激励评价。课堂评价是促进学生的发展，促进学生潜能、个性、创造性的发挥，培养学生的自信的重要手段。但是，很多乡村学校的教师在课堂评价这一块基础极其薄弱，存在着很多问题。

一、课堂评价存在的问题

（一）评价语言过于单调

师：秋天的雨是一把钥匙，它把秋天的大门打开了。孩子们，你们看到了一个怎样的秋天？

生甲：我看到了一个五彩缤纷的秋天。

师：很好！其他同学再来说一说。

生乙：我看到了一个丰收的秋天。

师：不错！再来一个同学说一说。

生丙：我看到了一个美丽的秋天。

师：也很好！

这时，有一个小男生不由自主地站了起来，问了这样一个问题：“老师，他们三个人谁答得最好，为什么？”

这位教师回应道："都很好！"

由于这个教师的课堂评价单一，就会让学生觉得怎么样回答都可以。

（二）评价方式单调

掌声鼓励、语言鼓励……这些课堂评价形式对于我们教师来说都不陌生，很多乡村教师都在用，而且情有独钟。有的乡村教师一节课下来，要么就只会叫学生鼓掌，要么就只会让学生竖起大拇指夸别人，他们老是用一种司空见惯的方式来捆绑学生。长期下来，学生也适应了这种模式，只要教师一提示，学生就会不约而同地鼓掌或竖起大拇指。这些课堂评价对于教学来说，毫无意义；对于学生来说，起不到一点促进作用。

（三）借助物质奖励过多

2019 年 9 月，笔者有幸被邀请担任第七届小学语文优质课大赛的评委。有一位乡村教师执教的是六年级的课文《花之歌》，当她走进教室的那一瞬间，全班孩子都发出了尖叫，我们七个评委也被她手里捧着的那一把五颜六色的鲜花所吸引，好奇心涌上了我的心头——这么多的鲜花，老师准备干什么？当第一个学生回答完问题之后，我们才恍然大悟，原来这些鲜花肩负着神圣的使命——奖励。课上了一半后，学生的手里、桌上都是花，获得奖励的学生脸上也乐开了花，后半节课学生们都争先恐后地回答问题，不是为了学习，而是为了鲜花。不管他们回答得如何，只要敢站起来回答问题的，教师准会奖励一朵鲜花，整节课其乐融融。得到奖励的学生，再也不关注教师接下来要讲什么，而是拿着这朵花在欣赏。

我们数了数，整节课下来，这位教师发了一百多朵花，这种借助物质的鼓励性评价过多了之后，反而会适得其反。

（四）课堂评价缺乏师生互评和生生互评

纵观现在的课堂，大多数都只有教师对学生的单方面的评价，缺乏学生对教师的评价、学生之间的评价。很多乡村教师，都怕课堂上节外生枝，他们怕处理这些由于学生的评价而带来的问题。

在课堂上，学生往往会语出惊人。他们会毫无顾忌、毫无保留地对教师进行评价，有时会让你手足无措，有时会让你惊喜若狂……很多乡村教师怕因此而打乱自己的教学思路，怕完不成既定的教学任务，达不到教学目标，有意无意地就把学生对教师的评价和学生之间的评价环节省掉了。

一堂课，如果缺少了评价环节，就会死气沉沉，毫无生命力。课堂评价可以让死气沉沉的课堂变得生机勃勃，让课堂成为教师与学生、学生与学生之间交流的场所。《基础教育课程改革纲要（试行）》中对评价问题作出了明确的规定："要建立促进学生发展的评价体系，要发现和发展学生多方面的潜能，帮助学生认识自我，建立自信，发挥评价的教育功能，使学生在原有水平上发展。"

为了达成这一目标，笔者工作室进行了深入的研究，经过近三年的努力，终于找到了一些对开展课堂评价行之有效的方法。

二、开展课堂评价应遵循的方法

（一）课堂评价的形式要多样、灵活，尽量少用物质鼓励

课堂评价的最终目的都是促进学生的成长，过多地借助物质鼓励会分散学生的注意力，反而会影响学生的学习和教师的教学。通过实践，我们发现，课堂评价如果能抓住学生的心理，形式多样灵活，效果就会更好。有些教师是这样做的，他们出去送教时，会在课前预热环节把学生分成几个小组，然后让学生给自己的小组命名，并规定：回答积极、正确率高的加一颗星星；整

节课遵守纪律、积极参与到教学活动中来的奖励两颗星星；积极组织小组活动并提出行之有效的方法的加三颗星星；对教师和其他同学进行真实有效的评价，并提出宝贵意见和建议的得一个皇冠。最后哪个小组累计的星星和皇冠数量最多，哪个小组就获得胜利。这样，学生就会有一个共同的奋斗目标，就会找到自己的定位，学习动机就更加明确，而不是像无头苍蝇一样，到处乱撞。这样的课堂评价方式方法灵活多样，不仅培养了学生的自主能力及其探究的合作能力、表达能力，也培养了学生团结互助的精神和竞争意识，让学生在知识上、能力上、心理上都成长起来。

（二）评价的语言要有针对性、要丰富

在课堂评价中，很多乡村教师采用的是积极性评价语言，诸如“你真棒”“你真是一个聪明的孩子”“你是一个好读书的好孩子”“你的声音真好听”，但是这种课堂评价没有起到真正的作用。课堂评价要有针对性，既要肯定学生的回答，也要指出学生的不足。教师的评价一定要丰富，不要千篇一律。下面是笔者工作室的一位女教师，在执教《彩色的非洲》一文时，针对不同学生做出的评价：

①我们班孩子的词汇量真大，用词很准确；

②你们的观察能力真强；

③你读句子时真有感情；

④读出了自己的理解；

⑤真会读书；

⑥你读出了火焰树的美；

⑦你的发言，让我看到了你们小组的美；

⑧你回答得很全面、具体；

⑨你的朗读打动了我；

⑩你一定能成为一个很好的导游；

⑪ 你有一双善于发现的慧眼；

⑫ 你真会表达；

⑬ 你的回答仿佛让我看到了一个多姿多彩的非洲。

（三）课堂评价要体现师生互评、生生互评

美国著名教育心理学家加德纳在《多元智能》一书中也曾谈道：摧残天赋优异而具有创造力的年轻人，比鼓励他们开花结果容易得多！因此，教师要虚怀若谷，打破课堂评价森严的壁垒，让学生参与进来。只有这样，课堂教学才能焕发出生机勃勃的景象。

我们先来看一个案例，有一次，笔者工作室去一个镇上的小学搞研训活动，一位教师执教《我的心儿怦怦跳》一课，下面是其中一个教学片段：

师（出示了一段作文）：同学们，这一小段作文是老师写的，你们认真读一下，觉得老师写得怎么样？

生 1：很好！

师：你评价一下，好在哪里？

生 1：语句很通顺，标点符号用得很准确，中心也很突出。

生 2：老师，我认为他对您的评价不到位，您写的句子确实很通顺，但没有体现出您当时害怕的心理。如果您在写的时候加上一些表情、动作和心理描写，这个片段就能更好地体现出“我的心儿怦怦跳”了。

师：听了这位同学的点评，老师知道了自己的作文应该怎样修改了。同学们，你们也来试一试。

这个教师通过师生互评、生生互评，把学生带到自己设计的教学活动中来，通过学生的课堂评价，让其他学生产生共鸣，引发他们的思考，激发学生的求知欲。

另外一位教师在执教二年级口语交际《商量》一课时，其中有一个教学片段是这样的：

师：我今天要来和二（1）班的孩子一起学习，心里特别高兴，可是我忘记带笔了，我命令你们把笔借给我。（教师态度一下子从“温柔”到“很凶”）

生：不借！

师：你们为什么不把笔借给我呢？

生：因为你太凶了。

师：好，老师换一种方式。（教师走向学生，用力拍桌子）把你的笔借给我，不借我就“动手”了。

生：不借！

师：你们为什么不借呢？

生：你用武力，没有礼貌，我们不借。

师：同学们给我提出了这么多的宝贵意见，我一定改。同学们，我今天忘记带笔了，把你的笔借给我用一下，行吗？

生：好的。

师：谁来评价一下老师？

生 1：老师，你很有礼貌，而且笑容很甜。

师：这位同学评价得怎么样？谁来评价一下这位同学？

生 2：她说出了老师的优点，但没有给老师提出建议。

师：如果是你，你会怎样评价呢？

生 2：您在借笔时，说清楚了借笔的原因，使用了文明礼貌用语，这些做得很到位，但如果能加上一点动作和眼神交流，就更好了。

（四）讲究语言机智

充满机智的评价语言，不仅能使学生思维更加敏捷和灵活，更能让课堂充满欢声笑语，学生学习的积极性也会得到调动。一位乡村教师在执教四年级口语交际《安慰》一课时，创设了一个情境，需要学生配合表演。学生在走上讲台时，不小心摔倒了，其他同学哄堂大笑，这位教师一边扶起摔倒的学生，一边对大家说："从哪里摔倒，就从哪里爬起来！心有多大，舞台就有多大。当你勇敢站起来的时候，成功就在向你招手了。"顿时，台下响起了一阵热烈的掌声，这位教师幽默风趣地说："我们这节课有一个重要的任务，就是鼓掌！"教师话音未落就被学生的笑声淹没了。

很多乡村教师认为激励性评价就是肯定，其实不然。我们提倡，给予否定性评价应讲究语言艺术，同时要更多地给予鼓励。一位乡村教师在上《桥》一文时，要求学生用读来增强对"不朽的生命桥"的理解。第一个学生读的时候，这位教师就说："你读的语速很快，让我看到了洪水的湍急。"第二个学生读得既急又斩钉截铁，这位教师就说："你仿佛让我看到了一个面对危险毫不畏惧的老汉。"第三个学生泪流满面、充满激情、发自内心地读，这位教师就评价道："你仿佛让我看到了一个无私无畏、英勇献身的老共产党员。"在这样的激励性评价下，学生真正理解了什么是"桥"。在这个过程中充分体现了对学生的尊重，也有效发挥了课堂评价的效果。

省级乡村名师工作室的实践证明，课堂评价的目的是改进我们的教学，帮助广大乡村教师深入了解学生的学习情况，让乡村教师得到及时的教学反馈信息，以便于他们根据课堂评价，实时组织和调整教学，提高教学质量。只有这样，乡村教育才能适应时代的发展需要。

八　问题延伸教学实践

基于乡村名师工作室的县域教学研训实践视角，通过乡村学校问题延伸教学实践研究，在“互联网+在地化”教育背景下，当前我国乡村学校教学以及基础教育发展中存在的突出问题，主要表现为乡村学校数量萎缩，教育质量持续低下；乡村学校师生教育主体普遍存在文化认同焦虑；乡村教育与本地文化的失联制约了乡村学校教学工作的高效开展。鉴于此，本部分内容立足于“互联网+在地化”视域，结合乡村名师工作室的县域教学研训实践经验，从乡村学校的实际情况出发，以问题延伸教学为导向，提出有效解决乡村基础教育发展问题、改善和提高乡村学校教学质量的对策。

乡村振兴战略视域下，国家大力发展乡村文化。乡村教育是乡村振兴的重要内容，立足于“互联网+教育”时代，推进我国乡村振兴以及乡村教育现代化，最核心的问题就是要平衡乡村文化教育教学资源，改进并提升乡村学校教育教学质量，让更多优质的外来资源跨界联结，突破时空和地域边界，投入乡村教育教学实践中。因此，基于乡村名师工作室的县域教学研训实践，针对乡村学校问题延伸教学实践的研究具有一定的理论和现实意义。

一、乡村名师工作室县域教学研训实践背景下乡村学校教学实践问题

（一）教育场域发生了根本性变化

随着乡村振兴战略的实施，当前我国城乡一体化趋势越来越明显。虽然

国家在大力发展乡村教育，通过乡村振兴、城乡一体化及精准扶贫等政策，推动乡村学校教育发展及教育公平，但乡村学校在师资队伍、信息化建设、基础设施建设等方面依然存在一些教育失衡问题，使得乡村地区“教育场域”在互联网信息化时代发生了根本性变革。

比如，我国县级以下乡村学校数量持续减少，学生继续大规模向乡镇寄宿制学校和县城规模大的学校集中。我们乡村名师工作室通过县域教学研训实践了解到，2018 年、2019 年连续两年来我国乡村学校减少 201633 所，同期城区学生人数增幅高达 5.74%。随着乡村学校数量和学生人数的减少，我国传统的乡村文化教育和基础教育遭到巨大冲击，再加上乡村教育课程、师资、管理以及教学等方面的因素，乡村文化脉络的传承与发展必然会受到严重影响。

（二）乡村学校教育教学主体普遍存在文化认同焦虑

在乡村振兴及城乡一体化发展中，师生作为乡村教育的重要主客体，长期以来由于缺少人文养分的滋养，缺乏乡村人文内涵的场域内互动，普遍产生了文化认同焦虑。

以我们乡村名师工作室县域教学研训实践背景下的乡村学校里的留守儿童为例，这部分学生占了很大的比例。民政部相关调查统计数据显示，截至 2019 年 12 月，我国乡村地区义务教育阶段的留守儿童已经从 2017 年的 65.3% 逐步增长到当前的 78.2%。另外，根据“全国乡村留守儿童和困境儿童信息管理系统”公布的统计数据，在很多乡村地区的学校，适龄的学生长期缺乏家庭亲情教育和人文关怀，同伴的相离以及父母的教育缺失让这些学生的地方认同意识逐渐淡化。

研究发现，乡村教育的发展往往与乡村学校教师专业化、师生流动性以及教育结构、师资数量、学生质量等多方面的因素有关。尽管在乡村地区普遍开始实施“师范生顶岗实习支教计划”“农村义务教育阶段学校教师特设岗位计划”等多项教育扶持激励政策，但外来教师对于乡村地方场域文化的了解有限，这些教师的居住年限不足，他们所能接受的标准化教育培训相对有限，所以外来教师的地方化教育本领和技能的缺失对乡村学校教育教学主体的文化情感认同产生了巨大影响。

（三）乡村与本地教育文化失联

在乡村教育实践中，乡村文化是具体的生活情境，其具有很强的人格教育和本地教育功能。但由于城镇化发展过程中，我国很多乡村地区的本地文化逐渐淡出人们的视野，在“跳农门”观念的影响下，乡村学校的教育成为智育的“训练场”。为了实现“教育上移”，多数乡村学校会选择以经济为中心，使乡土文化教育被隐匿，随之乡村的家园环境、乡村风俗、习惯记忆等文化逐渐被“边缘化”。正是在乡村教育过程中，乡村文化、乡村生态以及乡村社区的失联，才使大量乡村学校的学生沦为教育的“孤儿”。

那么，如何才能有效解决教育失衡、教育质量不高以及教育文化危机等问题呢？笔者认为，推动乡村学校教育发展的核心路径就是要“以问题延伸为导向”，实施“在地化教育”，通过“互联网＋在地化”教育实践，使更多优秀的教师团队扎根乡村，扎根本土，为乡村学校的学生提供更加灵活、优质、个性化的教育服务。

二、乡村学校问题延伸教学实践

（一）乡村学校问题延伸教学的内涵及根本要求

通过上述分析可以发现，乡村学校在教育教学实践发展过程中，依然存在很多突出性问题。而问题延伸教学就是要以乡村地区学校的教学问题为根本,同时还要贯彻国务院下发的《关于积极推进“互联网+”行动的指导意见》精神，通过乡村名师工作室县域教学研训实践，更好地在自己的教育教学情境下，深入解读、理解和应用“互联网+教育”，实施“在地化教育”。

根据2016年陈丽教授提出的“乡村学校问题延伸教学”思路，在乡村学校教学创新实践过程中，有必要借助翻转课堂、MOOC（慕课）等形式，适当融入人工智能、互联网等新型教育技术。通过创新驱动、跨界联合、扩大开放乡村教育场域等途径，使乡村学校教育教学突破传统的班级和学校界限，使“互联网+教育”以及“在地化教育”指导下的问题延伸教学实践面向学习者，侧重于解决当前乡村教育教学实践过程中存在的优质资源不足、乡村学校师生眼界受限、教与学的质量不高以及教育教学脱离本地社会文化现实的困境。从而通过乡村学校问题延伸教学反思，根据本地社会文化现实，建设真正的“乡村学校”，让教师扎根当地教育的实际，更好地在义务教育教学实践中，重新审视地方教育教学，实现教学方式的生态化转型，传承地方特色教育文化。

（二）乡村学校问题延伸教学实践方案设计

扎根于乡村名师工作室县域教学研训实践，以乡村学校基础教育发展面临的问题为导向，根据乡村学校问题延伸教学的内涵及根本要求，笔者提出了问题延伸教学实践方案。该实践方案以“互联网+在地化”的教学实践为策略，将县域内独立的教育主体，由创新驱动要素连接起来，构建N×(1+M)的双轨混合制乡村学校。通过数字化的教学模式、教育管理制度和教育结构组织模式，打造城乡共生的新生态，构建乡村学校“教学共同体”，创造更多的教学资源流动和共享机会。

在乡村学校问题延伸教学实践指引下，通过乡村名师工作室县域教学研训，能够有效地以城镇学校为中心，在广大的县域范围之内，由县域内的N个“在地化”的教学共同体和M个乡村学校实施“互联网+在地化”教育。

首先，乡村学校问题延伸教学的核心和本质，就是要选择本地城镇的优秀教师带领乡村教师，共同负责乡村教育及地方文化存续。通过城乡同步互动课堂，能够让城市和乡村的教育文化资源实现融合均衡，还能为乡村学校师生提供更多优质的教学资源。

其次，在具体实施过程中，乡村学校问题延伸教学需以问题为导向，以乡村和城镇教育教学质量的共同提高为目标，促进县域内城乡教育教学均衡发展。

再次，经过构建教学共同体，利用互联网并以“课程”为抓手，在不改变原有城镇学校、乡村学校实体建制基础上，可利用独立建制、虚实结合的同步互动混合、双轨混成模式实施分层管理教学。

从次，基于UGBS（协同育人模式）协同创新机制，可为广大乡村教师提供广泛的自适应学习和数字培训体系，还能够提供数据驱动型的教师发展综合测评体系，促进教师专业化能力建设与提升，打造专业化的教师共同体，扩大乡村教育辐射面，加快教育教学资源的流通与共享。

最后，依托“互联网+”，充分激发乡村地区学校师生的活力，通过教学问题研讨、教学经验交流和教学科研项目合作，实现个体经验构建和专业共同体的完善，拉近城乡师生之间的心理距离。在课前、课中、课后全过程的观摩与实践中，开展学习评价、教学反思以及网络研修，链接分散在城镇和乡村地区的独立教育主体和教学资源，探寻乡村学校校本课程建设的“支点”，创造更大的教学价值。

（三）乡村学校问题延伸教学实践策略

第一，在上述方案的具体应用及教学实践中，首先要明确共同愿景，即提升乡村学校课堂教学质量，促进教师专业发展，以此构建“在地化”教学共同体。在乡村学校优质教学资源不足和教师队伍短缺的情况下，应优先加快城乡之间优质教育教学资源的流通与共享，城镇学校与乡村学校合作开展教学问题探讨、教学经验交流以及研究项目合作，丰富个体教学经验，改善课堂教学，促进学生之间知识共享。

第二，由于乡村学校是我国整个教育教学体系的“末梢”，也是我国基础教育的“最后一公里”，问题延伸教育的根本出发点就是要优化乡村学校当前的音乐、美术、英语等课程的开设结构，打破班级、实体学校之间的界限，让城镇学校的课堂实时传递到乡村学校课堂。可选择语言习惯相似、文化背景相同以及专业能力相近的名师作为主讲教师，经过同步互动课堂教学环节，在交流与协作中，提高教学质量。

第三，除了教学目标要一致、明确，设立系统化的问题延伸教学模式外，还要优化创新乡村学校的教育教学管理机制。以 UGBS 协同创新机制为例，在教学过程中可实施分层教学管理，充分发挥政府、高校、企业以及乡村学校的积极扶持作用，借助企业的技术保障，政府的资金、政策扶持和乡村学校的教育创新实践场域，建立独立建制，实施实体管理，鼓励乡村教师集体备课及虚拟空间教学与研修，由周边区域的中小学学校代表组成教研组，设校务、教学、师资培训和后勤保障管理等部门，依托“互联网+”促进乡村学校、教育产业、地方经济、地方文化等协同发展。

第四，在互联网环境下，乡村学校问题延伸教学实践需更新理念，挖掘整合数字化学习资源。在基础教育中更应该关注学生的成长、心理健康及核心素养等，弱化“分数”指标。针对乡村本土文化情境教育教学诉求，加强教师培训创新，为乡村教师提供培训与教研相结合、线上辅导与线下培训相统一的专业化能力锻炼和提升平台。通过协同备课、同课异构以及课例研究等，对学生的认知能力、人格特质等进行创新发展测评，关注学生的心理和行为方面的动态化发展，全方位改善乡村学生的情绪弹性、核心自我评价、学业成绩、学习态度、学习方式以及人际交往、兴趣特长发展等方面的指标，营造良好的乡村学校教育教学环境，让问题延伸教学成为助推乡村学校发展的重要引擎，推动乡村教育真正“回归乡土”，健康发展。

三、结束语

综上所述，乡村名师工作室的县域教学研训团队自2018年起经过深入调研与教学研训实践，以问题为导向，通过发现问题和分析问题，提出了乡村学校问题延伸教学实践的方案。在“互联网+在地化”策略支撑下，打造同步互动课堂，建设生态化的乡村教育教学场域，整合教学资源、教师队伍、学习资源、学习内容等，让城乡之间的教育教学资源得以实现均衡共享，促进乡村教学模式的革新，在一定程度上消解乡村学校教育场域、教学主客体、教育教学课程文化等方面所面临的巨大危机。

九　教师微课制作实践

教育在不可逆转的大趋势当中，也开始成为信息时代的门徒。在这场与时代的交锋中，课堂成为主战场，以微课为代表的新式教学理念和教学模式横跨技术与教育两大领域，带着一种全新的解构意味，高举着信息教育化的旗帜，正面并积极地进入乡村学校课堂，呈现出风姿各异的新形态。用现代技术解决传统问题，让学生自主学习成为事实。

微课是以视频为主要载体，记录教师在课堂内外教学过程中围绕某个知识点或教学环节而开展的5—10分钟的活动过程。微课的核心组成内容是课堂教学视频，同时还指与该教学主题有关的教学设计、素材课件、教学反思等教学资源，它们以一定的组织关系和呈现方式共同营造了一个半结构化、主题式的资源单元应用。因此，微课既有别于传统单一资源型的教学课例、教学课件、教学设计、教学反思等教学资源，又是在其基础上继续和发展起来的一种新型教学资源。作为乡村教师而言，要赶上时代的步伐，把微课运用于教学实践中，从而激发学生的兴趣，提高教学质量。

微课是什么？怎样录制？大多数乡村教师对此模棱两可。在省级乡村名师工作室送培送教活动中，参与活动的乡村教师对微课有了认识，并学会了录制微课，把微课用于教学中，对教学起了很大的促进作用。在省级乡村名师工作室的示范引领下，微课在广大乡村学校如雨后春笋般迅速普及起来，省级乡村名师工作室就像一头不会疲累的牛，使劲拉着犁铧，乡村教育大块大块的土地被翻腾起来，溅起的泥星，迅速将这片土地上的教师“翻新”。

一、微课的选题

基于微课自身的特点，选题要尽量小而精，具备独立性、完整性、示范性、代表性，能够有效地解决教学过程中重点、难点问题。因此，在进行微课选题时，应遵循科学性、独立性、完整性原则，从而为我们的微课开发迈出关键的一步。

二、微课选题的技巧

很多乡村教师以为选题就是决定一个归属的范围，以为自己的选题属于自身的学科，就可以定位某个学科概念的学习，酝酿得不够成熟，没有把问题找准，就指向了一个大概；很多教师忽略了自身条件的限制，有的选题需要很长的时间才能完成，却要安排在一节微课中解决。一节课上下来，看上去很热闹，学生却毫无所获；教师在台上抑扬顿挫、自我陶醉，学生却无动于衷、不知所云。因此，在选题时，要有一定的技巧，切记不要好高骛远、贪大求全、华而不实、粗制滥造。在选题时，一定要细心斟酌，步步为营，选择什么课题能更好地凸显自己的特长，哪个知识点是学生容易混淆的，怎么讲解才能让学生理解，都需要认真思索。我们在选题时，一定要注意选题是否投学生所好，是否有益于师生交流，是否有利于媒体表达。

三、微课选题的步骤

（一）初步决定范围

我们可以先通过课堂教学、作业反馈、学生及家长的信息反馈，了解学生的需要，再决定微课的范围。如当学生不理解“总—分—总”“总—分”“分—

总”这三种文章结构时，教师就可以录制相关的微课，让学生反复观看、体验；还可以把微课发到班级群里，让家长指导学生学习。

（二）比较取舍

我们要根据本校或本班学生的实际情况，总结、分析、制定微课，要去粗取精。

（三）查阅资料

在查阅资料时，首先，了解自己选题的研究现状，目前有哪些乡村教师已经做过，研究方法和效果如何。其次，这些教师的微课研究有哪些不足，应如何改进，才能更好地服务于教学，服务于学生。

（四）选题论证

乡村教师可以利用省级乡村名师工作室的所有资源，集中工作室里的理论、实践上有经验、有水平的成员或学员进行选题论证，这也是提高微课选题质量的好办法。要在主持人或有经验的成员组织下进行，这样选题论证会才具有权威性，但要充分尊重参加选题教师的意见，这样才有利于微课选题的确定。

（五）思路的形成

经过以上三个阶段的比较论证，教师的微课选题已经很明确了，这时要对自己的选题进行整理，形成自己的思路，将面变线，再把课题选择集中到一个点上。

四、微课的设计

在设计微课时，要遵循有用性、有趣性、单一性、新颖性原则，如省级乡村名师工作室的学员吴晓艳老师在2018年参加贵州省举办的微课比赛中，荣获省级一等奖的微课案例《火的认识》：

小朋友们，今天我们就来说说火的故事。在远古时期，人类和其他动物一样，吃的是生肉，住的是山洞。之后他们发现了火，并运用火御寒。学会了围猎、防御野兽、烧烤食物之后，人类才进入了文明的时代。可见，火对人类的生存和发展有着重要的作用。

在生活中，我们看到的火是什么样的？对了，是一团红红的、燃烧的、能发光的物体。咱们的老祖先仓颉就根据火焰的样子，创造出象形字“火”，随着时间的推移，“火”字经历了很多次演变，才转化为今天的简化字。

“火”字是如何演变的呢？我们来看一段视频。甲骨文中的“火”字就像一团火焰，商周时期由甲骨文变成金文，到秦朝演变为小篆，南北朝时期演变为楷体，最后演变为今天的“火”字。

请同学们读一遍“火”字。

“火”字是一个独体字，请按照正确的顺序写一遍，给它组两个词。

学了象形字“火”，你能根据下面的图猜一猜这些都是什么字吗？我们一起揭晓答案。哦，原来是“日、月、水、火”四个生字宝宝，下面老师还要考考大家，你们敢接受挑战吗？请看下面的图片，猜一猜是什么字。

玩火可是很危险的一件事，如果发生了火灾，我们要拨打哪个电话？ 对了，119。

吴晓艳老师的选题很好，她以“火”字的演变、“火”字的结构、“火”字的读音、“火”字的正确的笔画顺序，由画入手，让学生掌握“火”字的相关知识和实用价值。

为了吸引学生的兴趣，她从“火”字的故事入手，再加上一些形象、生动的视频、图片，增加了微课的趣味性。吴老师打破了传统的教学模式，大胆创新。她站在学习者的角度去发现、分析、解决问题，拓展、创新思维视觉。善于思考是创新的基础，乡村教师只有思维上有了变化，行动才会有创新。吴晓艳老师只选择了一个主题，懂得取舍，保留了精华。

五、微课的制作

（一）制作前的准备

1. 选题

在微课的选题上，不要选择较多的知识点，而应该先调查本班的学生在哪些知识点上难掌握，教师就需要着重讲解这个知识点。

2. 教案编写

教案编写一般包括教学背景、教学目标、教学方法和教学总结等方面的内容。首先要明确教学目标，其次是教学方法，最后就是教学活动的设计。

微课的核心设计是微课建设主体，也是教学设计的重要组成部分。我们要根据语文学科的特点选取相对独立、完整，具有实用性，能促使乡村学校的学生反复学习、思考的短小精悍的微问题。一节好的微课课堂教学就如一篇精彩的文章，形式上起承转合、步步深入，内容上丰富厚实，或旁征博引，或层层剖析，抓重点、抓关键、解难题。

3. 视频内容呈现的设计

微课的核心内容是教学视频，其有“摄像机+白板”“屏幕录制软件+幻灯片”“屏幕录制软件+手写板+画图工具”“手机+白纸”等制作方法。乡村教师在设计教学过程时，应做好分镜头的设计和编写。同时，也要考虑到整个视频画面的协调性及布局的合理性。

4. 准备素材及练习测试

根据布局选择内容，准备相应的教学素材和微习题。

（二）怎样录制微课

目前，国内常见的微课录制方式主要有以下四种：

1. 摄像机 + 白板

工具：摄像机、白板或黑板、记号笔或粉笔，其他教学演示工具。

方法：录制完整的教学过程。

过程：

（1）针对微课主题进行详细的教学设计；

（2）利用白板或黑板展开教学过程，利用摄像机将整个过程拍摄下来；

（3）对视频进行简单的后期制作。

2. 智能手机 + 白纸

工具：智能手机、白纸、几支不同颜色的笔。

方法：用手机录制、纸笔进行演算的教学过程。

过程：

（1）针对微课主题进行详细的教学设计；

（2）用不同颜色的笔在白纸上呈现出整个教学过程；

（3）在他人的帮助下将整个过程用智能手机拍摄下来；

（4）对拍摄下来的视频进行必要的编辑和美化。

3. 屏幕录制软件 + 幻灯片

工具：电脑（下载安装屏幕录制软件、幻灯片软件）、耳麦。

方法：在电脑上播放幻灯片课件，同时进行屏幕录制，辅以讲解，并实时录音，后期配上字幕。

过程：

（1）针对微课主题进行详细的教学设计，收集教学材料和媒体素材，制作教学所需的幻灯片课件；

（2）在电脑上同时打开屏幕录制软件和教学幻灯片；

（3）教师戴好耳麦，调整好话筒的位置和音量；

（4）调整好教学幻灯片界面和屏幕录制软件界面的位置，开始录制；

（5）教师一边演示幻灯片课件，一边对课件进行讲解，可以配合标记工具及其他多媒体软件，尽量使教学过程生动有趣；

（6）控制好讲解节奏和时间，录制结束后保存视频；

（7）对拍摄下来的视频进行必要的编辑和美化。

4. 屏幕录制软件 + 手写板 + 画图工具

工具：电脑（下载安装屏幕录制软件、手写板、画图工具）、耳麦。

方法：通过手写板和画图工具对教学过程进行讲解、演示，并使用屏幕录制软件进行录制。

过程：

（1）针对微课主题进行详细的教学设计，并形成教学设计；

（2）安装手写板、麦克风等工具，并进行调试；

（3）在电脑上将手写板背景设为黑色，教师一边讲解教学内容，一边使用手写板和画图工具进行电子板书，通过屏幕录制软件录制整个教学过程；

（4）对拍摄下来的视频进行必要的编辑和美化。

六、微课在小学语文教学中的应用

在科技迅猛发展的今天，网络就像一条信息高速公路，又像一张巨大的网，把乡村各个学校、每一户人家都联系到了一起。现在，每一所学校都有了“班班通”，每一个班级都建了家长QQ群、微信群。这样有利于家校合二为一，方便了家长、学生和教师之间的交流，也可让微课的作用发挥到最大。

（一）语文课前使用微课

现在的语文教学强调先学后教，而很多乡村学生就缺乏自主学习的能力，教师可以把下一堂语文课要求学生掌握的知识点进行整合，制作成微课，让学生课前观看，进行初步学习。课堂上的时间，则用来和学生交流在微课中学到的知识，检测学生的掌握情况，给学生答疑解惑，甚至可以把知识点延伸出去，展开深层次、多角度的探讨，师生共同探讨。教师需要把教学重难点设置成问题，学生则要把自己在课前观看微课、完成练习时产生的疑问以及与同学交流中产生的疑惑向教师提出。如在教学三年级语文《美丽的小兴安岭》一文时，笔者采用的是“总—分—总”的教学结构。在上课前，录制与之相关的微课，让学生先学习、了解，然后再给学生设置难题：“总—分—总”有两个兄弟，一个是“总—分”，一个是“分—总”，你能区分他们吗？让学生带着问题去学习，效果会更好。

（二）微课进课堂

在合理的范围内，微课可以代替课堂教学中的一个环节，而其视频的形式和内容的呈现方式都可能令课堂内容环节比以前更精彩、更高效。利用微课讲解重难点知识，不仅可以将原本枯燥、难以说清的内容变成直观的动画，还可将烦琐的知识点分解成一个个小视频，各个击破，提高教学效率。如在教学《海底世界》一文时,海底动物的活动方式和发出的声音是重点内容之一,我们就可以通过动画的形式呈现，配以画外音讲解，制作成微课，在课堂上播放,学生就能更直观、形象地理解课文内容。当微课用于课堂重难点分析时,需要注意几方面的问题：

1. 录制微课前要准备充分，教师要考虑语文学科的特点，综合设计；

2. 微课在课堂上的运用要灵活，教师要根据学生的表现随时停顿、随时讨论，及时解决学生的困惑；

3. 运用微课的目的在于提高对课堂的利用率，让教师有余力观察学生，了解学生的学习细节，从而做到有的放矢地进行教学；

4. 微课不同于幻灯片，与生活实际相结合的动态性讲解，是微课的最大特征和最大用途；

5. 阐述重难点的微课，教师要结合本班学生的实际情况，事先制作。

（三）课堂小结中使用微课

小学生的注意力集中的时间很短，一般在课堂小结时，学生是人在教室，但心已经跑到操场上去了，教师要实时使用微课，才可以吸引学生的注意力。小结性的微课重在明确本节课的学习目标和任务，弄清楚教学重难点，归纳知识点，构建知识体系，并为接下来的学习内容作出铺垫。几分钟的微课，有助于节约课堂最后的宝贵时间。如教学一年级语文《棉花姑娘》一文，教师在进行小结时，要让学生巩固复习：课文中来了哪些医生？他们分别在捉什么地方的害虫呢？这时就可以用动画的视频，加上配音，这样，学生就能在轻松、愉快的学习氛围中巩固所学的知识，并牢牢地记住小燕子捉空中飞的害虫，啄木鸟捉树干里的害虫，七星瓢虫捉棉花姑娘身上的害虫。

（四）课后使用微课

大部分乡村学校的学生，要么是留守儿童，和爷爷、奶奶、外公、外婆一起生活，其监护人不具备辅导学生的能力；要么就是家长无法辅导自己的孩子，遇到一些较难的题目时，学生只能等到第二天到学校向老师请教，当天的困惑，不能当天消化。微课就可以帮助他们解决这一大难题。如：反问句和陈述句的转换、修改病句、写作的方法和技巧、口语交际、看图写话等知识点，对于绝大多数学生来说都很难。因此，作为乡村教师，就要多花一点点时间，把这些知识点制作成一个个微课，然后把它们发到班级 QQ 群里或微信群里，让家长在家辅导孩子反复学习。

微课的作用还有很多，需要我们广大的乡村教师在实践中不断探索、不断研究，把微课和教学融为一体，发挥出它的最大作用。

十　多媒体技术融入课堂教学实践

在科技迅速发展的今天，多媒体教学以迅雷不及掩耳之势席卷了乡村教育的每一个领域，为乡村教育的发展插上了腾飞的翅膀。多媒体是指在计算机系统中，组合两种或两种以上媒体的一种人机交互式信息交流和传播媒体。使用的媒体包括文字、图片、照片、声音（包含音乐、语音旁白、特殊音效）、动画和影片，以及程序所提供的互动功能。因此，多媒体成了乡村教师必不可少的教学辅助手段。《基础教育课程改革纲要（试行）》中明确提出：大力推进信息技术在教学过程中的普遍应用，促进信息技术与学科课程的整合，逐步实现教学内容的呈现方式、学生的学习方式、教师的教学方式和师生互动方式的变革，充分发挥信息技术的优势，为学生的学习和发展提供丰富多彩的教育环境和有力的学习工具。

在全县的一次优质课比赛中，其中有两位教师，他们的能力旗鼓相当，不分上下，听课的教师纷纷拍手叫好，冠军究竟会花落谁家呢？结果却出乎所有人的意料。第一个教师使用希沃白板上课，课件里有 2 个微课、4 首不同风格的音乐、10 张图片、1 个游戏、20 张幻灯片，他的幻灯片让所有听课的教师都大开眼界，学生在玩游戏的时候也是不亦乐乎；他录制的 2 个微课让所有的教师和学生都能聚精会神地观看，鼓掌叫好，他插入的 4 首音乐学生都很喜欢，有的学生还情不自禁地跟着唱，冠军应该非这位老师莫属了。而

第二个教师的课件中只有简简单单的1个视频、1首轻音乐、3张图片、5张幻灯片。有一个听课的教师百思不得其解,就大胆地请教评委:"评委老师您好,我有一个问题想请教您,第一个教师使用希沃白板(一种互动教学课件工具)上课,课件里还有2个微课、游戏环节,学生的参与积极性也很高,从技术含量上来看,他运用多媒体辅助教学的能力比第二个教师强,为什么第一名不是他呢?"评委老师听了,笑了笑说:"第一个教师使用希沃白板上课,从技术含量、内容的丰富程度来说,他确实技高一筹。但是,所有的多媒体资源都是为教学服务的,第一个教师的课件只是为了锦上添花;而第二个教师的课件仅仅只有5张幻灯片,但每一张都紧扣教学内容,符合学生特点,为这个教师的教学服务。"

一、多媒体辅助教学存在的问题

很多乡村教师在利用多媒体辅助教学时,经常会出现这样或那样的问题:

(一)使用多媒体只是为了完成教育局、学校、工作室布置的任务

教育局定期要对各校使用"班班通"的情况进行检查。而现在的检查,已经不是简单填写几张表格就能应付得了的,教育局的工作人员可以通过网络随时查看各校"班班通"的使用情况,所以很多教师不得不使用多媒体。还有,在教研活动和工作室的活动中,使用多媒体课件上课是硬性条件,有很多教师就想偷懒,从网上随便下载一个应付了事。在一次工作室送课下乡的活动中,有一位教师,由于课件不是自己做的,他一边看课件,一边上课,课上到一半,突然停电了,这个教师就手忙脚乱,站在讲台上不知所措。由于太过于依赖课件,课前准备不充分,结果,这堂课以失败而告终。

（二）重形式，轻内容

很多教师使用多媒体辅助教学，只是为了课堂热闹，根本不顾教学目标、教学内容，如一位教师在上《海底世界》这一篇课文时，提出了这样一个问题："作者介绍了海底的哪几种动物的生活方式呢？"学生立刻回答道："作者分别介绍了海参、梭子鱼、乌贼、章鱼等几种动物的活动方式。"这位教师笑着说："这位同学回答得真好，下面请同学们仔细观看视频，你就知道海底动物的活动方式了。"可是，学生看了半天，课文中提到的几种动物一个也没有看到，视频中出现的是海底其他的一些动物。教师解释说："海底很深，很危险，我们不可能把所有动物的活动方式都拍摄下来，网上的这段视频很精彩。所以，我把它下载下来了，让你们对海底动物有更多的了解……"这位教师根本没有考虑教学内容，只注重形式和过程，这个视频对这节课的教学起不到一点作用。如果我们实在找不到与教材内容相符的资源或素材，我们不妨用动作和语言来让学生理解这几种动物的生活方式，生搬硬套地使用多媒体资源，反而会适得其反。

（三）多媒体代替了三笔两画，忽视了传统教育，无重点无板书

多媒体辅助课堂教学，的确具有传统教学手段不可比拟的优势，但这并不意味对传统教学手段的排斥，更不能完全替代传统教学手段。在一些教学实践中，部分乡村教师过分夸大多媒体的效果，把多媒体辅助教学的课堂上成技术操作演示课，忽略了三笔两画这一教师所应具备的基本技能。在工作室举行的一次同课异构活动中，其中有个课题是《青蛙卖泥塘》，这篇课文讲的是一只青蛙住在一个烂泥塘里，它觉得烂泥塘不好，它就想卖掉泥塘，老牛、野鸭、小鸟等动物给了它很多建议。于是，青蛙在泥塘周围种上了花、草、

树木，又修路、盖房子，把水引进泥塘，泥塘的环境变好了。第一位教师在上这节课时，做了 25 张幻灯片，且每张幻灯片都有动画。然而课堂时间不够，每张幻灯片都放得极快，学生看得眼花缭乱、头昏脑胀，板书都用幻灯片代替。而第二位教师只出示了与教学内容有关的 8 张重要的幻灯片，学生理解课文内容后，他带着学生用简笔画的形式把故事画了下来，这样学生的积极性就提高了，他们就能更形象、生动地理解课文内容，真正做到了在玩中学、学中玩。第二位教师的板书是和学生一起完成的，既美观又体现了文章的重要内容，让学生一目了然。

（四）多媒体辅助教学只是人机对话

学生是学习的主体，教师要使学生由外部刺激的接受者转变为信息加工的主体及知识的构建者。新课改强调，课堂是教师和学生的主阵地，要让师生互动、生生互动，相互交流、合作，共同探究，合作学习。教学过程中必然会出现一些意外事件，而多媒体课件不具备教学机智和随机应变解决突发事件的能力，这样就限制了师生合作、生生合作之间探究、交流的过程，降低了课堂教学的丰富性、生动性、趣味性，这就使教师和学生只能被课件牵着走，无法实现真正的交流与互动。

（五）淡化教学主体，分散学生的注意力

多媒体辅助教学集文本、图形、声音、动画、视频、微课、游戏为一体，内容丰富多彩，形式新颖多样，对学生的视听有很好的辅助作用。但部分乡村教师的课件过于追求表现形式，把一些可有可无、对达成教学目标无益的内容添加到课件中去，淡化了教学主体，特别是现在的希沃白板的游戏功能，很多教师都在用，学生的思维被拉到九霄云外却拉不回来，使学生在认知目

标上偏离了角度，影响了教学效果。在一次活动中，有一位乡村教师执教的课题是五年级的《二十年后回故乡》一文，他设计了一个游戏——猜猜城市的名字，听课的教师都很纳闷，这个游戏在教学中起到什么作用？听完这节课后，大家才恍然大悟，原来这位教师的目的是吸引学生的注意力和激发学生的学习兴趣。那么作为乡村教师，我们要如何才能把多媒体融入课堂教学中呢？

二、多媒体融入课堂教学的方法

（一）选择适合本节课的多媒体功能

部分教师总是喜欢站在别人的背影下，而不能活在自己的阳光里，总以为网上的课件就是好的，没有主见，不会选择适合自己的这节课的多媒体功能。如一位教师在上修改作文课时，只需要孩子们在希沃白板5授课模式下单击出铅笔或钢笔，就可以在白板上进行修改。这样，学生就能积极主动地参与到教学活动中来，知道自己的作文哪里需要修改。让全班同学共同修改，以此提高学生的作文水平。其实，有的时候，漂亮的衣服不一定适合自己。只要根据本节课的教学内容、目标，选择适合自己的多媒体功能，就能使这件“衣服”的作用最大化，那才是“美”。

（二）利用多媒体创设情境

以皮亚杰为代表的认知心理学家提倡的建构主义学习理论认为：要把情境放在学习环境四大要素的首位，一个良好的教学情境能创设一定的教学氛围，起到教学语言、教学结构所无法替代的作用。如教学《半截蜡烛》一文时，光靠学习课文内容，学生是无法理解当时那种紧急、危险、令人害怕的气氛的。如果我们使用多媒体创设课文情境，做到该危险时危险，该紧张害怕时紧张害怕，该镇定时镇定，该高兴时高兴，那么，可以促进情绪的快速转变，让学生有一种身临其境的感受。

（三）运用多媒体激发学生对语文的学习兴趣

苏霍姆林斯基说：“如果学生没有学习的兴趣和愿望，我们的一切意图、一切探求、一切理论都会落空。”教师如果能充分挖掘教材中的兴趣因素和艺术魅力，就能激发学生浓厚的学习兴趣。而多媒体课件集文字、图像、声音、动画于一体，具有形象、生动、真实的特点，在语文教学中恰当运用多媒体课件，往往能激发学生学习的兴趣，调动学生参与教学的积极性、主动性，使其成为学习的主人。每次工作室到乡村学校开展活动时，面对的都是一些陌生的学生，而教师能与学生课前磨课的时间最多只有五分钟。要让这节课获得成功，就必须激发学生的学习兴趣，让他们积极主动地参与到教学活动中来。这样，多媒体就成了教师最得力的帮手，有一位教师在上三年级作文课《我来编童话》时，是这样利用多媒体辅助教学的：

师：同学们，今天老师要带大家去一个神奇的童话王国，你们想去吗？

生：想！

师：但是，想进入童话王国，可不是一件轻而易举的事情，要先闯关，你们敢吗？

生：敢！

（第一关：播放一分钟《白雪公主》的视频，让学生说出视频中童话故事的名字）

（第二关：播放《火柴天堂》这首歌曲，让学生说出歌曲中童话故事的名字）

这位教师利用游戏和多媒体辅助教学，一下子就拉近了师生之间的距离，让课堂气氛活跃起来，激发了学生的学习兴趣。这位教师播放的视频及音乐既是学生熟悉的，又没有脱离这节课的教学内容，起到事半功倍的作用，为这节课的成功打下了坚实的基础。

（四）让多媒体成为师生共同交流、合作、学习的平台，提高学生的学习效率

大部分乡村教师在教学过程中，喜欢设计游戏环节，就经常使用希沃白板里的游戏功能，但是游戏内容由于与上课内容无关，学生一玩又停不下来，这对教师与学生之间的交流、合作、学习没有多大的帮助。有很多教师就很用心，他们巧妙地运用希沃白板5的这一功能，让多媒体成为师生交流、合作、学习的平台。如工作室中的一位教师在上作文课《童年趣事》时，就设计了这样一个教学环节：

师：在写作时，我们可以运用哪些描写方法？

生：有心理描写、动作描写、语言描写、外貌描写、环境描写等。

师：哪些同学能够挑战老师，和我PK玩游戏？这个游戏的名字就叫“我是写作小能手”。待会儿，游戏开始后，会出现很多句子，你们就要判断这些句子用了什么描写方法。

学生在和教师玩游戏的过程中，既巩固了所学知识，又知道了在《童年趣事》这篇作文中可以运用哪些描写方法。这会让文章更加形象、生动、有趣，并且提高了学生的学习效率。

（五）多媒体促进教师及学生的创新能力

国家要进步，社会要前进，只有不断提高国民的创新能力。教育也是这样。教师只有让自己的教学方法不断创新，才能适应社会的发展，才能培养出一批创新型人才，而乡村学校的学生，最缺乏的就是创新意识和创新能力。如

果教师能多花一点功夫，让多媒体成为促进学生思维发展的工具，那么这些学生的创新能力就会得到提高。工作室的一位教师在给他的学生讲排比句时，课件中有很多同学在操场上的活动情况图片，他是这样教学的：

师：请同学们仔细看这张图片，用“有的……有的……”来说一句话。

生1：操场上的同学可真多啊！他们有的在跑步，有的在跳绳，还有的在踢毽子……

生2：老师，我有一个疑问，你的这张图片上，每项活动当中，既有男生，也有女生，我们应该用男生的他，还是女生的她呢？

师：这个同学提出的问题，很有研究价值，下面我们就一起开动脑筋，创造一个字，既包括男生的他，又包括女生的她。

这个学生听了教师的表扬后特别开心，全班的学生也特别有兴趣，在小组内进行交流、讨论，然后将小组的作品放到展示台上展示。教师为了体现公平公正，他就使用希沃白板5的希沃助手功能，让被抽中的学生去展示自己创造的字。

乡村教师是搞好乡村教育的根和基石，只有不断提高乡村教师的教育教学能力，乡村教育才会枝繁叶茂。因此，作为乡村教师，要在乡村名师工作室的示范引领和带动下，紧紧抓住机会，鞭策自己，就像使用多媒体辅助教学一样，只要用好、用对、用准，就能激发学生的兴趣，让他们积极、主动地参与到教学活动中来，从而提高教学质量。

第二章　备课教研提升研究

一　集体备课方法研究

子曰：“三人行，必有我师焉；择其善者而从之，其不善者而改之。”雷锋曾经也说过：“一滴水只有放进大海里才永远不干涸，一个人只有当他把自己和集体事业融合在一起的时候才能最有力量。”一个教师的教学方法、教学思想是有限的，而众多教师的教学方法、教学思想是无限的。大多数乡村学校，每年能到省外名校培训的人屈指可数，每年能参加优质课比赛的人更是少之又少，加上大部分学校的教研活动的开展都流于形式，这导致教师的专业化发展极为缓慢。因此，同伴互助尤为重要，集体备课是同伴互助的一种，它也是促进教师专业成长最便捷、最持久又是最现实的一种方式。在集体备课中，教师们以一个共同关心的课题或问题进行有准备的研讨和分析，彼此敞开心扉、交流思想，形成一种互相支持、互相帮助、互相进步、彼此分享、和谐共进的同事关系。在集体备课时，我们应当像蜜蜂一样，在教法的“百花园”中到处采集有用的、适合自己的花粉，回来加工、创新、酿造自己课堂教学的蜜。君子和而不同，小人同而不合。在集体备课中，我们都应该做坦荡荡的君子，而非长戚戚的小人。然而，在当前的乡村学校的集体备课中，却出现了种种令人心酸的现象。

现象一，集体备课就是上课教师唱独角戏。下星期四张老师要上一节语文示范课，这个星期一下午放学之后，教研组长就通知全体语文教师为张老师备课。由于张老师是县级名师，教学经验非常丰富，因此，整个过程就是她一个人说，其他老师埋头记笔记，一言不发。当她有困惑想和大家共同探讨时，其他教师却说："您是县级名师，您的教学方法都值得我们学习。"年轻的教师还说："我们还刚学走路，您已经在天上飞了，距离太远。"最后，张老师的集体备课变成了一个人的独角戏，自问自答，自导自演。

现象二，集体备课流于形式，集体备课成为教师们聊天、拉家常的场所。由于很多乡村教师都在县城里买房子，平时在乡镇上的时间就很少，同事们在一起玩的机会也少，因此，很多学校集体备课的那天，教师们就像多年不见的朋友，有聊不完的天，拉不完的家常，教研组长也无可奈何。不参与其中吧，得不到人心，会成为孤家寡人；参与其中就完不成学校布置的任务。有少部分责任心不强、意志力不坚定的教研组长，为了博取大家的支持，融入其中，不顾上课教师的感受，当和大家聊完之后，把即将要上课的教师的教学设计收上来，把教学设计分成十部分，添上参加集体备课教师的名字，做成一份无效的记录，集体备课就完成了。

现象三，集体备课无方向，无目标，就是听听执教者照本宣科。大部分乡村学校的集体备课都没有一个明确的目标，有的甚至走错了方向，眉毛胡子一把抓，适得其反。进入笔者工作室一年的一位年轻的乡村教师，有一次要到一所乡村学校去上课，于是笔者就组织工作室几位有经验的成员帮助她一起备课、磨课，她刚走进我们办公室时，她的做法让在场的教师大吃一惊——

她抱了四本教案。我忍不住问道："你抱这么多本教案来干嘛啊？"她一本正经地说："主持人，我要好好上这节课，我要一篇一篇地把教案读给你们听。你们帮我挑一篇最好的。"我一下子被震住了，变得目瞪口呆，我疑惑地问她："你们学校平时的集体备课是怎样搞的？"她认真地回答："我们学校轮到哪一个老师上课时，那个老师就会找来很多教案念给大家听，然后大家帮忙挑出最好的一篇，我们就按照教案上的方法，一成不变地上，我们的教研组长说了，不好的教学方法是不会写成书的。"我们几个恍然大悟，并耐心地帮她备课、磨课，她参与了之后，感慨万分："原来集体备课不是照着教案念，读教案。这次集体备课让我脱了几层皮，但也让我脱胎换骨，至少成长了三年。"

现象四，无备而来。集体备课的时间到了，在教研组长聂老师的催促下，教师们才陆陆续续地来到了语文办公室，聂老师说："今天我们备什么课呢？"教师们七嘴八舌，有说学习新课标的，有说课堂教学的，还有说如何上好作文课的……时间过半了，聂老师才确定一个话题，让语文教研组的老师们讨论并临时指定宋老师做好记录，老师们各抒己见。时间一到，老师们就溜得无影无踪。

现象五，集体备课只关注文本，不关注学生。有部分乡村学校的集体备课开展得有声有色，十分注重教材和教学方法，他们安排教师学习新课标，研讨教材，制订教学方案，还让所有的教师分工，从网上收集相关的教案、资料，制作课件，下载相关的录像课视频。有一位教师疑惑地问："要不要备学生？"教研组长回答说："没有必要，只要把教学方案准备好了，什么样的学生都能教。"

现象六，集体备课从来不考虑学生的特点及学生突发问题的解决策略。有一次，我校同时备两个教师的课，一个教师执教的内容是一年级的《棉花姑娘》一文，另一个教师执教的内容是五年级的《漫画老师》一文。两位教师都用谜语导入，他们分别是这样导入的：

一年级的《棉花姑娘》：

师：同学们，今天老师给大家带来了一位植物朋友，它藏在一首歌里，同学们仔细听，把它找出来。（播放谜语歌曲：说它是花不是花，冷天人人需要它。白白胖胖真可爱，一堆一堆白花花）

五年级的《漫画老师》：

师:同学们，今天老师给大家带来了一位你们熟悉的人，他藏在一首歌里，请同学们认真听，找出这个人是谁。（播放卡通歌曲《每当我轻轻地走过老师的窗前》）

现场的教师都觉得这两位老师使用的谜语导入与众不同，很新颖。但是，他们没有考虑一年级学生和五年级学生的特点，对于一年级的学生来说，动画、儿歌能够把他们的注意力一下子吸引过来；对于五年级的学生来说，这样的方法过于幼稚。而且，我校在给这两位教师备课时，根本没有考虑学生在课堂中出现各种突发问题时应如何应对，用什么方法处理。

备课在本质上是有始有终的，对整个教学活动的预设是备课的开始；课堂教学过程中对预设的调整、修正以及对课堂新状况的随机应对是备课的继续和提升，课后的总结反思则是对整个备课的缝合和沉淀，是备课的后续和攀升，并且还将在新的备课活动中延续，再上升。那么，怎样的备课才是有效的呢？

一、个人钻研教材是集体备课的基础

没有个人对教材的深入钻研，就不会有集体交流的思想碰撞和启发，很多乡村教师没有对课程标准以及自己上课的教材进行认真研读，就想拿着一

个课题，让大家给他出点子，自己就坐等他人讨论的结果，绝对的“拿来主义”。现在一到六年级的语文教材都为统编版，课文和以前的老教材有了很大的不同，编者的意图、教学目标和要求也变了。因此，我们必须深入钻研教材，吃透教材和课程标准。

二、处理好预设与生成之间的关系

教案是预先设计好的，是死的，但学生却是活的，他们可以使课堂千变万化。我们在集体备课时，要根据不同层次、不同班级学生的特点设计，要考虑多种可能出现的突发情况以及应对策略，真正体现学生学习的主体性，而不是用早已拟定好的教案去约束他们。教师要以静制动，以不变应万变，这充分体现了一个教师的教学机智。

三、模拟课堂

“研而不教则空，教而不研则浅。”模拟课堂是一种新型的集体备课形式，可以让我们真正体会到教学的愉悦，让我们真正欣赏教育的智慧，让我们真正分享集体备课的幸福。同时，它可以活跃目前乡村教师集体备课的沉闷气氛，给集体备课引来一汪活水。

所谓“模拟课堂”，就是完全按照课堂要求，由执教者讲课，参与集体备课的教师听课，并模拟不同层次的学生，预设执教者在课堂上可能会遇到的各种突发问题，为执教者找到解决突发问题的方法。参与集体备课的教师从课件是否为教学服务、教学环节的各个过程是否严谨、板书是否规范合理等三方面作出评价，并提出修改的建议和意见。这样，针对性更强，反馈更快、更集中，集体备课的效果会更好，执教者的教学能力提高的幅度也更大。

模拟课堂为执教者提供了一个学习、交流、锻炼和自我展示的平台。模拟课堂集体备课形式因为没有学生的参与，所有备课教师的目光都集中在执教教师的身上，于是执教者的优点和缺点都会被一览无余。这在无形之中，也给执教者增加了许多困难和压力。但是，乡村学校集体备课采用模拟课堂的形式，对执教者和参与集体备课的教师提出的要求很高，具体要求如下：

第一，设计要新颖、独特。统编版教材对执教者提出了更高层次的要求，新课标要求模拟课设计要出新，集体备课也要求模拟课要出新。第二，层次要清晰。无论课件还是板书设计，都应该做到逻辑合理，层次清晰，条理分明。第三，在模拟课堂上，参与集体备课的教师扮演学生角色时，回答问题一定要言简意赅，不可长篇大论。第四，执教者要做到自信、大方，语言精准，表达清楚、连贯，要有激情。第五，参与集体备课的教师要做好记录，并反馈给执教者。

以下是一位教师在集体备课前和集体备课后的教学方案设计：

集体备课前教学方案设计

学科	语文	年级	二年级	班	（1）
主题、单元或课的名称		口语交际《商量》			
教材内容分析	《商量》是统编版二年级语文上册第五单元中的口语交际课。在日常生活中，当自己一个人不能完成一件事时，当自己拿不定主意的时候，当与别人意见不一致的时候，就要与人商量解决问题。本课借助贴近学生生活的交际场景引出话题，调动学生的生活经验和情感体验，尝试自己解决问题。结合示例，提示与人商量的注意事项，使学生能够用恰当的语气，有礼貌地沟通，清楚地表达自己的想法。最后提供了几个情境供学生练说				
教学目标	知识与技能	能够跟别人商量事情，不为说话发愁			
	过程与方法	敢于在同伴面前表演，声音洪亮，富有感染力，能在情境中对话			
	情感态度与价值观	明确商量的要求，在实践中学会商量			

<table>
<tr><td rowspan="2">教学重难点</td><td>教学重点</td><td>让学生在实践表演中学会与人商量的方法，激发学生口语表达的兴趣</td></tr>
<tr><td>教学难点</td><td>创设情境，训练学生口语表达的能力</td></tr>
<tr><td>学生状况分析</td><td colspan="2">学生年龄小，语言表达还处在生长发育期，虽然平时的生活中已经经历了与别人商量事情，但跟别人商量时还不能很有逻辑地把自己的想法表达清楚、说完整。因此采用情境练说锻炼学生把话说清楚、说完整的能力</td></tr>
<tr><td colspan="3">信息化教学媒体和资源的选择和运用：多媒体课件</td></tr>
<tr><td>教学准备</td><td colspan="2">1. 教师准备：多媒体课件；2. 学生准备：角色扮演</td></tr>
<tr><td colspan="3">教学过程（活动）</td></tr>
<tr><td colspan="3">（一）问题导入，吸引注意力
让学生回答：当遇上一个人无法完成的事情时，该怎么办？给出三个答案，学生回答后引出课题。一方面引起了学生的兴趣，另一方面可以迅速地让其注意力回到课堂。
（二）视频激趣，活跃学生思维
播放学生平时在生活中爱看的绘本故事视频。这种形式可以进一步吸引学生的注意力，学生在观看的过程中也会调动自己的形象记忆，为下面的练说做铺垫，使其在讨论的环节有话可说。
（三）师生互动，畅所欲言
在视频导入的基础上让学生进行角色扮演，学会商量。从而明确了本次口语交际的目标——客客气气＋清清楚楚。
（四）运用方法、实践练习，生生互动
在本环节的教学中，学生运用方法实践练习，让学生观察教材情境（小明值日，今天是他的生日，他想早一点儿回家，便去找小丽、小刚、小易商量），然后询问学生：你们觉得小明应该找谁商量呢？让学生通过生活经验做出选择，了解商量时选对人，商量成功一半。
教材中的另外两个情境：
1. 向同学借的书没有看完，想多借几天。
2. 最爱看的电视节目就要开始了，但爸爸正在看足球比赛。
在不同的情境中或面对不同的商量对象时，展开生与生等双向和多向互动训练。教师引领学生学习的同时，通过师生互动、生生互动合作表演方式让学生感知商量的重要性。通过学生练说，在交际过程中教育学生学会使用礼貌用语，做出正确选择，找准方法，能够用恰当的语气，有礼貌地沟通，清楚地表达自己的想法，学会与他人商量。只有这样，交流合作才能收到实效。
（五）评价提升
通过商量，学会商量，深知商量给我们带来了奇迹。从古至今，我国人民以和为贵，懂得商量，会了商量，使得外交关系十分融洽，这才有了今天的繁荣昌盛。今天不仅是在座的各位同学学会商量，这些小动物也学会了商量，懂得了商量，所以它们一起过桥了。狮子是森林之王，它会与河马怎样商量呢？</td></tr>
</table>

集体备课后教学方案设计

<table>
<tr><td>学科</td><td>语文</td><td>年级</td><td>二年级</td><td>班</td><td>（1）</td></tr>
<tr><td colspan="2">主题、单元或课的名称</td><td colspan="4">口语交际《商量》</td></tr>
<tr><td>教材内容分析</td><td colspan="5">《商量》是统编版二年级语文上册第五单元中的口语交际课。在日常生活中，我们会遇到很多事需要找别人商量。本课借助贴近学生生活的交际场景引出话题，让学生掌握与他人商量的方法与技巧</td></tr>
<tr><td rowspan="3">教学目标</td><td>知识与技能</td><td colspan="4">让学生明白，当在生活中遇到自己拿不定主意或与人意见不一致时，遇到苦恼的事时，都可以找人商量。学会商量是一种交际的技巧</td></tr>
<tr><td>过程与方法</td><td colspan="4">通过口语交际训练，让学生在实践中自主探究并逐步掌握商量的要领，做到找人商量时态度真诚、以理服人，共同商量耐心倾听，设身处地，积极策划</td></tr>
<tr><td>情感态度与价值观</td><td colspan="4">培养学生倾听的习惯，引导学生积极参与交际实践，培养学生表达的自信心，使其愿意发表自己的见解</td></tr>
<tr><td rowspan="2">教学重难点</td><td>教学重点</td><td colspan="4">通过口语交际训练，让学生在实践中自主探究并逐步掌握商量的要领，做到找人商量时态度真诚、以理服人，共同商量耐心倾听，设身处地，积极策划</td></tr>
<tr><td>教学难点</td><td colspan="4">培养学生倾听的习惯，引导学生积极参与交际实践，培养学生表达的自信心，使其愿意发表自己的见解</td></tr>
<tr><td>学生状况分析</td><td colspan="5">学生年龄小，语言表达还处在生长发育期，虽然生活中已经经历了与别人商量事情，但跟别人商量时还不能很有逻辑地把自己的想法表达清楚、说完整。因此采用情境练说锻炼学生把话说清楚、说完整</td></tr>
<tr><td colspan="6">信息化教学媒体和资源的选择和运用：多媒体课件</td></tr>
<tr><td>教学准备</td><td colspan="5">1. 教师准备：多媒体课件；2. 学生准备：角色扮演</td></tr>
<tr><td colspan="6">教学过程（活动）</td></tr>
</table>

（一）反串角色，导入新课
1. 出示问题：今天我忘记带笔了，我该怎么办呢？
2. 反串角色：教师分别用命令、商量的口气借笔，让学生说一说：哪种方法会更好？为什么？
3. 板书课题——《商量》。
4. 理解什么是商量。（商量就是有话好好说）
（二）掌握与人商量的方法与技巧
1. 回忆刚才老师借笔时的情景，说一说：老师借笔为什么会成功？
2. 出示商量时的四种技巧：
①有称呼；
②有礼貌；
③有商量的语气；
④讲清楚。
（三）利用绘本故事，激发学生的兴趣。
1. 播放视频，教师用生动的语言给学生讲绘本故事——《别想让河马走开》。
2. 提问：听完这个故事之后，你知道河马为什么会让小老鼠过桥吗？
3. 小组讨论：小老鼠是怎样和河马商量的？
4. 情景表演：分组表演小老鼠与河马对话的过程。
要求：
①前面表演者说过的话，后面的同学就不能够重复；
②没有表演的同学要认真倾听，评一评他们好在哪里，不好在哪里。
（四）运用方法、实践练习，生生互动
1. 出示情景：生日与值日；
今天是小明的生日，他想早点回家，和他一起值日的有班长小军（乐于助人）、好朋友小华和死对头小红，如果是你，你会找谁商量呢？
2. 学生先在小组内分角色扮演；
3. 展示小组成果；
4. 其他小组的同学点评，提出建议；
5. 教师表演死对头小红，请学生来挑战如何说服小红；
6. 板书结论：找对人；
7. 出示商量的五个技巧：
①有称呼；
②有礼貌；
③有商量的语气；
④讲清楚；
⑤找对人。
（五）巩固商量的方法
1. 出示视频，让学生认真听，视频中的小女孩遇到了什么困难？
2. 让学生大胆地请参与听课的老师一起表演。
3. 师生共同点评。
（六）总结

四、磨课

课堂模拟只是一些预设的方案，方案可行与否，就要通过实践来检验，磨课就必不可少了。磨课是乡村教师集体备课的另一种有效的形式，它指集体备课后的智慧结晶以及执教者上公开课、示范课之前的反复推敲试讲过程。一个“磨”字道出了其中反反复复的修改、斟酌，道出了参与集体备课教师的汗水，道出了“台上一分钟，台下十年功”的真理，道出了一节好课背后的艰辛与不易。磨课的模式有：基本式、简化式、同课异构式、教学诊断式、行动导向式。磨课促进了乡村教师的成长，“磨”出了乡村教师的创新精神。

国家重视乡村教育。省级乡村名师工作室的成立，促进了乡村教育的发展,为乡村教师的成长提供了平台。乡村名师工作室每年都要到乡村学校送教、送课，磨课就成了工作室成员、学校必不可少的功课。

教育总是从问题抓起，从源头抓起，乡村教育的现状决定了乡村名师工作室存在的意义。乡村教师需要更加实在地去面对现状，而不是停留在无意义的吹毛求疵上。随着省级乡村名师工作室的出现，上好一节具有示范、引领作用的课成为工作室对成员、学员及广大农村教师的期待。乡村教师为了上好一节课，要进行大量的课程研读和知识储备。磨课就是其中必不可少的一个环节。因此，“磨课”也就成了乡村学校集体备课的高频词。磨课如一股沁人的春风，给乡村学校注入了新的活力，让我们看到了许多乡村学校开展集体备课的喜人变化。

参与集体磨课的教师不能少于 10 人，分工要明确，其中一部分教师记录执教者提出的有效问题，另一部分教师记录学生的反应情况，还有一部分教师关注小组讨论是否流于形式……这样才能易于在不同的思想观念、教学方法的交流与冲突中，对各种观点作进一步的比较与鉴别，才能获得对问题更为本质、全面的认识。在磨课时，不能站在别人的背影下，要活在自己的阳光里。在磨课的过程中，尽量用适合自己的教学模式，和自己的教学设计融为一体，取他人之所长，经过加工、整理，把它转变成自己的东西，就会有意想不到的收获。

五、反思

反思是集体备课的重要环节，反思教学是教师在模拟课堂、磨课的基础上，检验和评估自身教学的习惯。反思型实践者能够运用观察、分析、解决和决策的技能深入探究和教学，并批判地思考教学中出现的问题。反思通常包括重构经验，联系先前的知识或技能考查支持教学的思想和观念。反思是所有乡村教师在集体备课中持续学习和改进学习的过程。反思不是一系列的步骤或程序，它是考察和回应问题的一种整体方式。在集体备课中，反思不仅仅是一种乐观的、理性的问题解决过程，恰恰相反，反思也涉及情感、情绪和感觉。所有参与集体备课的教师通过反思这一环节，能够评判、检验在模拟课堂和磨课中出现的问题并加以改进，在经验和当前情景的启发下，投入认识和重新建构问题的过程之中。通过反思，所有参与集体备课的教师可以获得更深刻的自我理解。

乡村学校的教研活动就像一个刚学走路的婴儿，还需要有人扶一扶，搀一搀。而省级乡村名师工作室，就像一座明亮的灯塔，在崎岖、陡峭、坎坷不平的道路上，指引着乡村教师前进的方向。

二　教研活动形式实践

乡村振兴，离不开乡村教育的振兴；没有乡村教育的振兴，更谈不上真正的乡村振兴。振兴乡村教育，离不开一支高素质高水平的乡村教师队伍。然而，当前毕节市乡村学校校本教研活动、校际教研活动开展存在突出的问题：未开展实质性的教研活动；活动形式单一，教师得不到必要的锻炼；缺乏专家引领，校本教研成为“自娱自乐”的活动；教师无积极性，被动参与各种研训活动。这些问题，皆源于乡村学校规模小、未形成有效的教师专业成长计划机制、缺乏开放意识、无有效的激励机制、基层教师任务繁重等。建立乡村学校教研共同体、网络研修互动机制、团队课题研修机制、多形式研训机制等以乡村名师工作室为纽带的乡村学校教师研训活动，必然成为乡村教育振兴最有力的支撑。

一、乡村学校教师教研活动形式概述

教研活动，指以促进学生的全面发展和提高教师专业水平为目的，以学校教育教学中教师所面对的各种具体问题为研究对象，以教师为研究主体，以专业研究人员为合作伙伴或引领的实践性研究活动。文中的乡村学校教师教研活动，指基于乡村学校教育教学面临具体问题的解决方案，以提升教学质量和教师专业水平为主要目标的教育教学理论与实践相结合的研训活动。乡村学校教师教研活动形式，指所有以教师为主体，以学校教育教学研讨和实践为支撑，以教师教育教学中面临的具体问题为导向的研训方式，主要包括以下形式：案例研讨、学法研讨、专题学习、专题论坛、同课异构、异课同构、集体备课、说课比赛、教学诊断、达标课、观摩课、示范课、教学技能竞赛、优质课竞赛等活动。具体如下。

案例研讨：以某方面的教育教学问题、较为典型的教育教学故事、完整的教学过程、有侧重的教学片段等教学案例作为研讨素材，组织教师参与分析，解剖“麻雀”，深入思考和讨论，从而集众人之智慧，总结出解决问题的方法；研究教育教学的基本规律；也可以围绕某一方面的具体问题，组织教师拟写教学案例，进行集中展示，开拓教师解决问题的视野，相互借鉴得以成长。

学法研讨：组织优秀学生参与学习方法交流，教师参与研讨，从学生的“学”的角度思考和探索“教”的具体操作方式和方法，从而使参与的教师进一步认识知识的学习规律、技能和能力的养成规律、素养的形成规律，进而促进教师反思和改进自己的教育教学方法。

专题学习：围绕当前教育改革的前沿理论、带有教育改革倾向性的理论专题，开展集中学习文件、理论文章等，进行主题发言，提升教师专业理论素养。

专题论坛：围绕学科教学某一方面的倾向性问题或者新课程改革的教材教法上存在的某方面突出问题，组织教师进行思考、总结，以集中讨论的方式进行展示交流，从而形成理论共识和具有指导性、可推广的成果，促进教学实践创新，使参与的教师更新观念、开阔视野，进而提升教育教学实效。

同课异构：对同一教学课题，采取不同教师、不同设计、不同教学方案、不同教法风格等，进行比较研究，探索教学的规律，总结出基于知识传授、技能和能力养成、情感和价值观形成等规律的可操作的教学方法、方案、设计，帮助提升教师的实际教学驾驭能力。

异课同构：基于某种新型教学模式，在不同学科或同一学科不同教学课题类型上进行尝试和实践，从而完善新型教学教法，提升其在不同学科领域或不同教学课题中的推广应用的教学实践研究方法。

集体备课：校本研修的基本模式，同一学科教师共同对一个课题提出备课方案，进而形成一个集众人智慧的教学方案设计，并由一名教师执行，集体听课,使参与的教师均能够参与其中,从而得到锻炼和提升。特别是执教者，更能够体验不同的教学理念方法，非常有益于其教学理论和实践能力的提升。

说课比赛：校本研修的常用形式之一，就是组织教师独立、脱稿对指定的教材或本学期学科教材的课程标准进行解说，并对其解说进行评比，激励教师主动钻研教材、课标，提升教师驾驭学科教学的能力。

教学诊断：组织教师或专家团队深入某一位教师或一类教师的课堂，随机听课,开展课堂问诊。针对教师上课存在的突出问题给出解决的方案或建议，并通过“回头看”等方式，检验教师对存在问题的整改状况。这有益于提高特定对象教师或某类倾向性教师的教学能力和水平。

达标课：学校大面积提升教学质量的重要方法之一。通过组织专家团队，对每位教师进行随机听课，按照课程标准列出科学的评价细则，要求所有教师平时上课必须达到一定的标准和水平，特别是对新入职的教师，采取达标课的方式，可以促使其尽快进入角色，培养教师教学的共性，为其个性教学风格的萌芽和形成打下扎实的基础。

观摩课:对有特色或某一方面比较出色的教师,安排其为教师群体“献课”，大家观摩、学习，总结完善教法。

示范课：由课堂教学能力突出的教师给参与活动的所有教师做示范，提供参考、借鉴的范本，从而为存在困惑的教师提供有效的演示。

教学技能竞赛：开展教师学科教学技能（包括语言、信息技术、教学组织、教学设计、实验演示、实验设计等）的技能竞赛，激励教师努力提升自己教育教学的实际操作能力。

优质课竞赛：开展教师集中备课、创新设计、现场上课（或采取录像课的形式）竞赛，由专家点评，这样既能够给教师提供展示的机会，又能够让参与的教师通过听讲课、听说课、听点评几个环节，得到新的感悟和收获，从而达到提升教师专业水平的目的。

二、当前乡村学校教师教研活动的问题、困难和原因分析

从毕节市乡村名师工作室开展的各项研训活动情况来看，当前毕节市乡村学校校本教研活动、校际教研活动存在突出的问题和困难主要表现为：

（一）未开展实质性的教研活动

一些乡村学校的教研活动仅为集中学习、念读文件、简单听课等，上级安排的教研活动未进行实质性开展，更没有自主设计的教研活动，教研活动仅停留在应付检查、做资料等形式上，未真正地对教师的专业发展产生积极的促进作用。特别是学科教师总数在 20 人以下的规模较小的学校，其教研活动及实效严重打折，而在教师数量不足 10 人的小规模学校或办学点，教研活动几乎未开展，教师专业发展存在巨大困难。

（二）活动形式单一，教师得不到必要的锻炼

乡村学校开展的教研活动形式，大多为集中培训、研讨，集体备（听）课、评课，极少有开展校际教研活动的，教师得不到必要的锻炼。不少在乡村学校上课的教师，入职三五年后教学观念和理念还与当初高校毕业时一样，更

难在上级组织的优质课竞赛、教学技能竞赛等比赛中脱颖而出，教师专业提升受到严重制约。

（三）缺乏专家引领，校本教研成为“自娱自乐”的活动

大多乡村学校无县区级及以上的骨干教师，或者无专业理论水平较高的专家型教师引领。学校开展听、评课活动，大家要么七嘴八舌评论，听者无所适从，不知谁说得对；要么照着文件、理论念，一知半解，评价不接地气，教师感觉很“抽象”，不能从活动中得到收获。

（四）教师无积极性，被动参与各种研训活动

除青年教师有着发展的欲望外，中年及以上的教师大多均无进一步提升自己的欲望，参加教研、培训活动纯属为完成任务，抱着应付了事的态度参与，难以在研训活动中产生实际效果。而一些青年教师由于未参与过正式的教研活动，更未能在更高平台上展示和锻炼过。在校内不断展示“才气”，难以听到不同的声音，主观上自我感觉良好，把自己教学策略的不完善、教学质量的不理想归咎于学生基础差、起点低、学校条件不足等客观原因，难以真正反思和寻找自己提升的空间，也无参与教研活动的积极性。

通过对乡村名师工作室开展的活动进行调查分析，我们发现，制约和影响乡村学校开展有效教研的因素有以下几个方面。

一是乡村学校规模小，教师兼课多，难以围绕一个单一的学科开展活动。大多乡村学校每个年级就一个班，每个班级同学科教师就 1 人，开展同年级同学科的教研活动不具备条件。二是当前基层教师任务繁重，除本身的教育教学任务外，还有各种检查、考核、创建、评估、扶贫、留守儿童等各方面的工作任务，绝大多数工作还要做资料、“留痕”做档案，每天工作时间全部

挤满，连周末也被占用，教师无精力也无心思开展教研活动。三是学校未形成有效的教师专业成长计划机制，教师发展纯由个人自发，学校未将每位教师的发展列入计划，未积极创造条件把教师“推”出去，导致难以培养出学科带头人、骨干教师，永远缺乏专家引领。四是乡村学校缺乏开放意识，不与周边学校、上级学校开展校际的教研活动，教师难以听到本校以外的声音，思想逐步“老化”，教师得不到必要的磨砺。五是无有效的激励机制，学校未制定教师积极参与教研的有效激励机制，对外派教师培训、参加上级教研活动无有效的鼓励政策，也无必要的考核要求，教师缺乏教研活动的内驱动力，极少主动争取和参与校外的教研活动、竞赛活动。

三、开展乡村学校教师教研活动的建议

（一）建立乡村学校教研共同体，破解学校规模小的问题

以乡村名师工作室为引领，工作室成员、学员为联络员，把成员、学员所在学校联系起来，打破传统的以单一学校为基本教研单元的传统模式，建立学校与学校之间教师教研共同体，为教师开展多形式研训活动提供可能。

1. 强化专家引领

乡村名师工作室主持人、顾问、成员、助理等均为工作室研训专家，并可以工作室名义聘请其他学科省市级名师、乡村名师、省市级骨干教师、特级教师、上级教育部门学科教研员作为工作室指导专家，参与指导工作室研训活动。所有专家均在以乡村名师工作室为纽带的教研共同体中承担本专业学科教研活动的设计、主持、组织和质量把关等工作，使得每次学科教研活动均有理论水平较高、视野较广、专业基础扎实的专家作最后的总结和点评，给每位参加活动的教师以鲜明的理论和实践主张，确保活动不跑偏、活动目

标最大限度实现。

2.强化计划控制

乡村学校教研共同体所有活动由工作室统筹，制定发展目标明确、覆盖全体教师、活动内容和任务细化的三年计划及年度、学期方案。特别是年度、学期活动方案和具体活动日程安排要有针对性，要建立在对乡村学校教师发展存在的具体困难和问题的广泛调研和深入思考上，确保预设活动最大限度契合每位教师的发展需求。在每次活动角色任务安排中，承担每项具体任务的教师也要有针对性，旨在补齐教师个人发展的短板，通过研训活动解决个人专业上、知识上、能力上的不足。要明确每位参与教师的任务，工作室成员和学员（特别是跟岗一年以上有提升的学员）要在具体方案和研训日程计划的制订和实施中充分发挥主导作用，在活动中磨炼，在研训中成长，逼迫自己发展，引领其他教师发展。

3.强化团队建设

通过学校教研共同体解决同学科教师数量少的问题，建立跨学校同学科教师组成的专业发展研修团队，在同学科教师数量足够的前提下进一步细化到年级团队。同年级同学科教师建立起专业发展互助互动关系。每个专业发展研修团队由1位专家、3—5位不同发展层次的教师构成。平时加强学科教学研讨，教法学法、教学理念的专题理论学习。通过选读共同的教学教法理论文章或书籍，结合实践深入探讨，练好基本功。在开展学校教研共同体教研活动中，以团队为单位集体备课，团队之间赛课，工作室主持人和顾问进行诊断性评课，让每个团队成员教师均有明确的任务分工，在活动中得到应有的锻炼和提升。

4.强化保障措施

一是政策保障。教育部门要切实落实工作室建设的各项政策，将乡村名师工作室活动、引领校际教研共同体建设、教师研训辐射等工作列入本级教研工作重点,并以之为平台推进教师专业发展。对活动（包括教研课、示范课、观摩课、讲座）开展扎实、效果明显的工作室，教育部门在充分把关、审核质量的基础上予以认定并颁发荣誉证书，以调动教师参与的积极性。二是经费保障。乡村名师工作室要充分发挥省级工作室经费的作用，结合活动计划制订严格的预算并按计划实施。基于乡村名师工作室建立的乡村学校教研共同体，各成员学校要结合教研活动计划，在教师培训经费中给予必要的经费，用于支撑教研活动的开展。三是多室互动。省级乡村名师工作室、名校长工作室，市级乡村名师工作室、名校长工作室要加强联合互动，共同在乡村学校教研活动的开展中发挥作用。各工作室，特别是乡村名师工作室作用发挥的情况，应作为教育部门对工作室考核评价、经费审计的主要依据。

（二）建立网络研修互动机制，破解乡村教师时间不足问题

乡村名师工作室在抓学员研训、教师研修团队建设中，要以多种方式建立网络研修平台。一是要充分利用方便快捷的微信群、QQ 群，强化网络协作研修。如黄立霞省级小学语文乡村名师工作室采取 QQ 群联合研训活动，在 QQ 群中分配任务，主持人、学员、成员分别围绕某一板块，认真备课，录制课堂教学视频上传至群空间，各团队成员分别下载观看，并在群里发表评价观点，展开讨论。主持人不时点评，不断更新各成员、学员对具体教学方法、环节的观念、看法，拓宽学员的专业视野，推进团队成员全面提升。学员、成员还把工作中面临的问题、困难在群里面提出来，群策群力设计解决方案，有效地提升了学员的具体教学能力。二是用好国培计划网络研修或工

作坊培训项目。乡村名师工作室的主持人可以申请担任研修工作坊坊主,成员、学员和建立的乡村学校教研共同体全体同学科教师为培训学员，以共同的网络研修任务和内容作为研修资源和平台，发挥坊主在研修活动中的主导作用，提升全体参与教师的专业素养。三是用好教育部门提供的免费学习和研修资源，加强互动互访，深入开展专题研讨活动。如毕节教育云平台提供的优质视频资源等。

（三）建立团队课题研修机制，解决乡村教师视野不宽的问题

乡村名师工作室主持人要善于结合工作室成员、学员和乡村学校教研共同体全体教师平时的教学、研讨，及时总结、反思和提炼团队在教育教学实践中出现的倾向性问题、普遍性问题，提出校本课题任务，由教师专业发展研修团队承担，明确课题研究任务，提出实践要求，积累足够的教研实践，把团队教师发展融入课题实践和研究中，提升全体成员的教学研究能力和水平，并积极争取省、市教科研部门发布的教育科研规划课题和乡村名师工作室专项课题。在大量的团队课题研修中不断形成教研成果，不断提升每位研修成员的教育教学理论素养和教育科研能力水平。

（四）建立多形式研训机制，解决教师“练兵”形式单一问题

以乡村名师工作室为轴心建立的乡村学校教研共同体为平台，发挥乡村名师工作室的引领作用，在广大成员、学员中开展多形式的教研活动。通过学法研讨、专题学习、专题论坛等方式，不断凝聚共识，形成有效的理论支撑和主张；通过集体备课、同课异构、异课同构、案例研讨等方式，不断强化在新理论理念指导下的课题实践，大幅提升参与教师的课堂教学力；通过达标课、观摩课、示范课、教学诊断活动的开展，把先进教育教法、理论、

理念融入课堂实践，予以充分展示和具体化，促进教师理论与实践有机结合，不断地实现螺旋式上升，使每位教师的课堂教学能力水平达到更高的标准；通过说课比赛、教学技能竞赛、优质课竞赛等专业竞赛活动，调动教师参与的积极性，并在专家点评中进一步发现问题、端正观念，不断让参与的教师找到新的发展空间，找到新的成长契机，从而实实在在地促进乡村教师队伍的全面发展。

国家已经出台相关文件，减轻中小学教师的负担，让教师把主要精力和时间放在教育教学工作中来，为乡村教师的专业化发展提供了强大的政策保障，为乡村教师的专业发展带来了前所未有的机遇。乡村教师成长的教学研修平台必将不断完善，乡村教师的专业发展必将面临更高的要求。因此，科学设计和合理选择乡村学校教研形式，是教育部门和学校必须认真思考的重要工作，这将直接决定着乡村学校教研、教师专业发展的水平。

三　教师课后反思实践

乡村学校由于地处农村，相对于城市来说，教育教学条件较差，再加上乡村学校教师人数少，任务重，他们忙于应付日常教学，很少有时间进行课后反思。因此他们的课后反思意识较薄弱，课后反思或无话可说，或重智育轻德育，等等。就此情况，笔者对课后反思意识的提高，课后反思的内容、过程及方法等方面进行实践探索。这有助于提高教师的课后反思效果，促进教师专业化发展，引领乡村学生健康成长。

乡村学校是指在行政区域划分上，隶属于县级以下乡镇管辖的学校。2016 年 7 月，贵州省为了充分发挥省级乡村名师在教育教学研究、引领学生成长、示范带动当地教师专业化发展、教育精准扶贫等方面的辐射作用，提高乡村中小学教师实施素质教育的能力和水平，决定为省级乡村名师设立工作室，并把它称为“乡村名师工作室”。乡村学校由于地处农村，无论从教育硬件设施还是生源素质来看，都比城区学校稍逊一筹，所以只有不断带动乡村教师专业化发展，让他们真正做到“因材施教”，才能更好地引领学生健康成长，同时为实现教育公平尽微薄之力。

课后反思是指教师通过对其教育教学实践活动进行再认识和思考，便于在今后的教学中找到更好的教学方法去激发学生学习的积极性和主动性，从而提高其教学能力和教学效果的活动。课后反思是促进教师专业化发展的重要途径，乡村学校教师的课后反思大多只在形式上完成了，很少深入教学实践中，笔者针对这种现象，对课后反思进行了实践研究，让课后反思真正地促进教师专业化发展。

一、乡村学校教师课后反思现状调查分析

（一）反思意识不强，开展反思的教师人数少

乡村学校教师的课时多，他们不只是教书育人，还要完成各种各样的检查所需要的资料等，工作量大，工作任务重。一部分教师没时间写课后反思，还有一部分教师为了完成教学检查的任务，形式化地写课后反思。70% 的教师认为没必要写课后反思，30% 的教师认为有必要写课后反思，但时间和精力有限，无法认真完成。

（二）课后反思不全面，重教书轻育人

乡村学校教师课后反思都是写哪些知识点传授成功，哪些知识点学生掌握不好，知识目标是否达成。而很少提及学生的社会责任感如何，学生对生活中的一些事件的观点如何，学生是否学会了爱家、爱国，是否有创新意识和创新能力，等等。

（三）反思的内容不清楚，往往无话可说

多数教师在写课后反思时，简单叙述教学过程，使用“学生积极参加教学活动，基本完成教学任务”等模糊语言，没有实质性、可吸取的经验和教训，没有就教学效果、教学过程、教师引导和学生活动等提出问题，找出矛盾，没有深入思考并找出解决问题的方法或者提出假设。

二、实践调查——学生心中的优质课堂，为课后反思做好准备

教学过程中，只有学生喜欢课堂、真正参与课堂活动，课堂教学才会有效。就此，笔者利用名师工作室到乡村学校开展观摩课、示范课以及其他教育教学交流的机会，对乡村学生进行实地走访和调查。根据调查，得出学生心中的好课堂是：

（一）师生关系融洽、和谐的课堂

这样的课堂应是：教师在课堂上面带微笑，而不是板着脸教学；学生在轻松的课堂氛围中学习，有疑问时敢于提出。教师通过引导学生形成导向思维，帮助学生解决疑问，学生乐于表达自己的真实想法，即使有些时候学生的想法离谱，教师要通过巧妙引导，帮助学生走出困惑，使其学有所获。

（二）有“故事”的课堂——能把学生带进学习情境的课堂

有“故事”的课堂，就是能把学生带进学习情境的课堂。如果教师设计的课堂仅仅是课本上的理论知识框架，不能为学生创设学习情境，那么这个课堂就是枯燥乏味的，教师的教学会成为学生的催眠曲，学生容易犯困，学习效果不佳。如果教师就课本内容创造出适当的学习情境，让学生投身其中，那么学生就会在课堂上焕发活力，潜移默化地掌握知识，而且记忆深刻。

（三）学生当主人的课堂

整堂课如果只是教师满堂灌，学生被动接受，这样的课堂学生自然不会喜欢，而且学习状态极差，课堂结束后学生可能一无所获。只有那种教师精心设计了教学活动（包括讲故事、辩论赛、游戏、演讲等）的课堂，才是把课堂交给学生，让学生成为课堂的真正主人。这样学生才会积极投身到课堂活动中，在活动中学习，在活动中实现知识的建构。这样的课堂真正实现了“在

用中学”，学生才会喜欢。

三、课后反思的内容

（一）反思教学设计是否合理

合理的教学设计能让课堂生机勃勃，让学生在教学活动中快乐学习，从而使其学习的积极性和主动性得以激发出来，也让合作学习、探究学习的作用在教学中凸显出来。

第一，反思教学目标设计是否明确。教学目标就是一堂课的中心，只有明确教学目标，教学才有方向性，才能引领学生到达明确的目的地。教学目标在课堂教学中是否根据学生层次设计，不同层次的目标是否可以得到检测，这些都是教师应该反思的。

第二，反思教材内容是否进行恰当整合。教学中要求教师“用教材教”，而不是“教教材”，所以教师在备课时必须了解学生的生活背景、知识储存、接受能力等情况，对教材进行合理整合，把复杂的内容变得简单，把理论知识引进生活，让学生感觉课堂就像生活一样，让学生愿意走进课堂。

第三，反思教学活动设计是否都是为达到教学目标做准备。教学活动是为达成教学目标而设计的，如果教学活动偏离教学目标，就会事倍功半，甚至可能背道而驰。因此，教师需要反思教学活动是否设置了与教学目标相符的情境，学生是否能在情境中学习；学生认知水平存在差异，是否为不同层次的学生设计了不同的活动，让所有学生都有机会、有能力参与课堂活动，体验活动的趣味性，从中获得知识并付诸实践。

（二）反思教学过程中教师活动是否有效

第一，反思教师的课堂组织是否成功。新课程改革要求教师尊重学生学习的主体性，教师在课堂教学中起组织作用。课后教师要反思教学环节是否完整，每一环节的时间分配是否合理，教师在每一环节中提出的问题和任务是否恰当，这些问题和任务是否起到让不同层次的学生“跳一跳摘桃子”的效果，学生是否真正参与到教学活动中来。

第二，反思教师的引导是否有效。教师是课堂活动的引导者，教师需要反思自己是否能激发学生的求知欲，是否能指导学生在学习中进行总结、概括和推理，是否能引导学生进行自我反思。同时还要反思学生是否能维持学习过程中积极、健康、向上的学习态度，自己是否做到恰当引导学生对其学习过程以及结果进行合理评价，学生在后续学习过程中是否能恰当运用本节课堂的学习结果。

第三，反思教师是否与学生积极合作。新型师生关系明确了教师的角色——教师是学生学习的伙伴、朋友。教师在进行课堂教学时是面带微笑，还是板着脸毫无表情；教师教学语言是以训导者口吻，还是以合作者语气；教师教学语言是否幽默有趣，是否能吸引学生参加课堂讨论，活跃课堂气氛；教师是否也是一个虔诚的听众，同时积极对学生的困难、疑惑给予帮助，做到及时解惑；教师是否能创造融洽、和谐的课堂；等等。这些都是需要教师认真反思的。

第四，反思教师是否促进了学生学习和发展。现代教学理念中，学生“学会学习”将受用终身。所以教师必须反思教学过程中是否培养了学生发现问题、分析问题和解决问题的能力；学生是否学会了举一反三，学生学习是否有创新性。

第五，反思教师对课堂突发事件的处理是否妥当。教学中常常会出现一些教师预设方案中没有的情况，而且有时与课堂教学内容无关。如果出现这种情况，教师应充分发挥教学机智，巧妙地把活动转移到与课堂教学相关的事件上来，让突发事件也能为教学服务。

（三）反思教学过程中学生活动是否落到实处

学习过程既需要独立思考，也需要团队合作，而且合作的效果将会更好。因此，教师要提倡合作学习，使学生在学习中互相帮助，共同提高。

第一，需独立完成的任务是否能完成。教师布置适合学生水平的任务后，给学生时间完成。任务结束后,教师可以通过学生互评的方式来完成任务评估，并对评估结果进行总结，让学生从中找到自己的不足或需要改进的地方，促进学生自我发展。

第二，小组合作是否默契，不同层次的学生是否都参加到活动中来。每个小组内都有不同水平的学生，布置任务后，教师要观察不同层次的学生是否会尽力去完成符合自己水平的任务，层次水平高的学生是否会指导、启发层次水平低的学生完成任务，整体配合是否默契，学生从知识到能力再到情感态度这些方面是否得到发展。

四、课后反思的过程

（一）回顾教学的每一个环节，搜寻亮点和问题

每上完一堂课，都需认真回想每一个教学环节中的师生活动。通过师生互动、生生互动来检测教学是否达到教学目的，分析哪些教学活动及方法能有效推动目标实现，哪些教学活动及方法是无效的，找出其中的亮点和问题，及时记录。

（二）根据亮点和问题，提出假设

课后分析成功的关键在于进一步思考：还会有更便捷更有效的途径吗？课后分析失败了，便需要探索缘由，大胆提出质疑和假设，思考设置哪些条件会使哪些结果受到影响，最后为问题的解决铺设道路。

（三）在新的教学实践中验证假设

在后续教学实践中，教师要敢于验证自己的假设，得出结论。如果不能解决问题，就继续提出新的假设，不断验证，在“假设—验证—再假设—再验证”的不断循环中提高课堂教学效率。

五、提升课后反思意识

近年来，乡村学校中也不断涌现出各学科名师，并且成立了一些名师工作室，工作室成员和学员们都积极进取，不断进步。在大方县城乡学校之间有“圆梦小康”互助活动，县城教师经常送课下乡，带动更多的乡村教师热爱乡村教育。乡村教师们的责任心也因此不断增强，他们明白了课后反思是教师专业化发展的重要途径，一些乡村教师甚至会把反思当作自己的自觉行为。同时，大方县教育科技局规定教师的教案必须有课后反思，这样教师都会在上课结束后按照要求写课后反思。经常性地写一些反思，教师就会从中悟出一些道理，把一些反思写成教育教学论文并且发表，为自己的评职晋级创造条件。教师们在互相交流的过程中谈到写反思的帮助很大，教师们逐渐养成了课后反思的习惯，课堂上有困惑、有感触，就及时记录下来。反思记录不要求长短，只要记录下实质性的感想就好。这样以写促思，以思促教，长期积累，教师的教育教学水平就会得到提高。教师们要清楚反思是一个坚持不懈的行为，课后反思的目的主要是找出短处、发现不足，揭露自己的伤痛，那就必须进行自我批评，敢于承认自己教学中的不合理性，教师要忍受痛苦，战胜困难，同时还得坚持不懈，这样才会有效。

六、课后反思的方法

（一）通过学习教育教学理论及新课程改革理论，反思自己的教学活动是否与理论相符

《中小学教师职业道德规范》中明确指出：终身学习是教师职业道德规范之一。教师在教育教学实践中深入学习，研究教育教学理论及新课程改革理论，用理论来指导教育教学活动，从而提高教学效果。新课程理论要求教师要关注全体学生，让全体学生都得到发展。但学生个体是存在差异的，因此教师要掌握学生的身心发展规律、学生的个性特点以及学生的强项，指导学生扬长避短，帮助不同个体在不同方面有所进步，这才是真正的“教人求真”。

（二）通过学生反馈的信息进行反思，促进学生健康成长

根据教学相长的理论，真正促进教师专业化发展的是我们的服务对象——学生。教师要做学生的朋友，经常与学生进行课后交流，了解他们的真实想法，根据反馈信息进行反思，发现问题，对症下药，调整自己的教育教学方法，恰当地满足学生所需，促进学生健康成长，同时也反作用于教师专业化发展。教师从自己的教育教学活动中吸取教训、积累经验，不断改进教育教学方法，让自己的教育教学活动贴近生活、贴近实际，更好地服务学生，促进学生健康成长。

（三）提高自己的反思技能，做到有效反思

乡村学校教师数量少，教学任务重，但教师也要忙里偷闲积极参加各级各类培训。若无法参加现场培训，那就参加网络培训，多渠道获取专家传授

的教学经验。同时，教师要争取各种锻炼自己的机会，比如参加各级各类优质课比赛、观摩课竞选、示范课选拔等。通过学习、观察、比较、判断、评价等方式汲取优秀教师的教育教学理念、经验、模式、技巧等，在活动中与其他教师交流，分享自己的教学经历，说出自己对教学的想法，也提出自己在教学中的困惑，听取其他教师给予的建议，互学互鉴，改善自己的教学状况，从而提高学生的学习能力和效率。

总之，课后反思是教师成长的重要途径，也是教师成为研究型教师的必经之路。只有重视课后反思，在反思中发现问题，提出假设，不断创新，再到教学实践中解决问题，才能让乡村教师走向专业化发展道路，从而引领乡村学校的学生健康成长。

四　教师自制教具实践

自制教具是指教师基于教学重难点，利用日常生活中比较常见的废旧材料或是特意购买的材料自主设计，制作可用于教学活动的工具性资源。教具制作是辅助教学的一种简单便捷的方法，就地取材，即制即用，对于教学有效性的提升具有积极助推作用。接下来将探讨乡村学校教师如何巧妙制作教具辅助开展教学活动。

由于乡村学校地理位置较为偏僻，交通不方便，很多教师在开展教学活动的过程中都存在课程资源不足的情况，这给课堂教学的开展带来了极大的限制。就目前我国教育事业的发展来看，这种教学资源分布不平衡的现象很难在短时间内获得良好的解决。对此，最快速有效的解决办法就是教师利用乡村中独有的资源自制教具，自主开发教具资源来辅助教学，这样可以在一定程度上缓解教学资源不足的状况。乡村名师工作室的教学研训活动是新教具开发的重要平台，它可以让教师集思广益，相互交流，分享创意和实践经验，推动教具资源开发的持续深入。

一、乡村学校教具现状分析及研究目的

（一）乡村学校教具资源紧缺

乡村学校地理位置较为偏僻，经济发展较为落后，因此其教育资源配置相较于城市学校存在紧缺的问题，教具很难配齐。这对各类课程的有效开展

造成了一定的影响。而且受到经费投入的限制，这一状况很难在短期内获得改善。虽然在一些发展较快的乡村地区，一些学校已经配备了先进的多媒体设备，引入了投影、视频等辅助教学工具素材，但教具的需求却没有得到较大的满足。而一些教师已经对多媒体教学产生依赖，一旦停电，课堂教学便无法正常开展。想要平稳度过这段时期，各乡村学校应努力自给自足，充分利用乡村的各类废料资源，自己动手制作教具。

在教具制作领域，教学名师发挥着十分重要的作用。他们在教育教学实践领域中有着丰富的经验，其所具有的教育智慧本身就极具价值。通过开展名师工作室研训活动，可以将他们的示范引领和辐射带动作用充分发挥出来，提高广大乡村教师自制教具的能力。

受自身文化素质、思想境界以及所处环境的影响，很多乡村教师都缺乏进取精神和专业自主发展意识，他们习惯采用传统的教学方式方法开展教学活动，没有教学变革的意识。单纯依靠教育行政部门组织开展的培训活动很难真正地使这种情况发生改变。而通过乡村名师工作室的形式则可以推动所有成员和学员的群体化发展，实现资源共享和协同互助，将所有渴望发展的教师凝聚在一起，共同搭建一个交流学习的平台。在工作室研训活动中，成员之间可以就教具制作进行经验的交流分享以及思维的碰撞，集思广益，打造出更多具有创造性、实用性的教具种类，促进乡村教学水平的全面提升。

（二）研究的目标分析

研究的目标主要有：

首先，充分发挥自制教具在乡村学校教学中的作用。在教学活动中，很多情况都需要使用一定的教具辅助教学。教具作为辅助教学的有效手段，是一笔宝贵的资源。希望教师可以通过自制教具的研究对现有的教具资源进行搜集、整理，理顺教具资源和其他教学手段之间的关系。自制教具的研究也为乡村学校教具开发与应用提供了一定的参考借鉴。

其次，对乡村学校的教具资源开发策略进行梳理。对于乡村学校而言，为了解决教育资源不足的问题，进行教具的自主制作是一条必经的道路。在教育改革的背景下，乡村学校教具开发的主要方向、注意事项、材料选用、需要遵循的原则等都需要进行深入的研究。

再次，探寻乡村学校教具资源的应用价值。进行教具的自主改进或研发，并用来辅助教学工作是提高乡村学校教学水平的重要途径。通过教具的制作和应用，可以在一定程度上缩小城乡之间教育资源存在的差距，基于乡村学校实际情况设计自制教具，还可以起到丰富课堂、调动学生的学习兴趣、培养学生的实践能力的作用。这对于学生核心素养的培养具有积极意义。

最后，提高乡村学校教师的专业技能。一个教师的专业技能水平高低决定了其课堂教学效果的优劣，只有根据教学内容以及学生的特点合理地选择教学方式方法，才能获得理想的课堂教学效果。掌握教具自制技能并将自制教具应用于实践教学中，对于乡村学校教师来讲应该属于其具备的基本技能，这有助于其自身教学水平的提升。此外，自制教具在师生互动方面具有显著的优势，教师可以在自己制作开发的基础上带领学生进行开发应用，这是诸多现代化教育工具无法做到的。

二、乡村学校教师自制教具的理念和原则分析

（一）乡村学校教师自制教具的理念分析

其一，创新性理念。根据我国《基础教育课程改革指导纲要（试行）》的

规定，具有初步的创新精神和实践能力是新时期基础教育的培养目标。教师自制教具或带领学生根据教材内容自主搜集材料设计制作教具，对学生核心素养的培养具有积极意义。在教具制作的过程中融入创新性理念，可以丰富教学活动的形式、方法，激发学生的学习兴趣和积极性。教具制作所选择的材料十分常见，且制作过程简单方便，学生很容易接受。在具体实施的过程中，应努力探寻不同层面的创新，因为教具很多时候在课堂上的作用都是引导学生进行探究,单一层面的探究所取得的效果并不理想。因此在教学过程中，教师应基于学生的生活经验，对教学方式和内容进行创新，在此基础上创造与之相对应的教具，引导学生转变传统的思维模式，探究更加灵活开放的学习方式。

其二，因地制宜，立足乡土。在进行教具开发的过程中，费用、制作工艺、材料选用等都是需要考虑的问题。基于乡村地区的特点，在制作教具时要力求简捷便易，材料尽可能选择乡村常见的，工艺尽可能地简化，费用尽可能控制到最低。考虑到不同地区条件的差异性，应秉持因地制宜的原则，充分利用当地所具备的资源进行教具开发。一个成功的教具并非要制作程序复杂、涵盖性广，适合、满足教学需求的才是最好的。不同地区的乡村学校具有很大的地域差异性，教师在进行教具开发制作时，应基于趣味性、适宜性和教育性的原则，开发具有乡土特色的教具资源，最好将当地的文化特色融入其中。例如，在物理学科教学中，教师可以选择一些生活中比较常见的生产、生活资料甚至是废品开展实验，如利用橡皮筋做教具，可向学生解释弹性势能和动能的转化等。

其三，因材施教。我国不同地区的乡村学校所使用的教材往往存在一定的差异性，其特色和价值决定了教具开发也必须呈现出多样化的特色。这要求乡村教师在教具的开发制作上，应紧跟教材改革的步伐，让开发出的教具能够实际应用于教材学习中，符合教材的设计理念以及其中包含的课题和内容，如此才能为学生构建一种科学探究的氛围。

（二）乡村学校教具开发制作的基本原则

首先，应该符合各年龄段学生的认知特点。不同年龄段的学生由于身心发育和生活阅历上的差异性，其认知水平也有所不同，因此在制作教具的过程中，必须和学生的认知特点有机结合起来。例如，3—6 年级的学生处于具体运算阶段，虽然其认知水平逐渐偏向于抽象，但其思维活动依然需要具体实物的支撑。因此在制作教具时，最好从学生所熟悉的生活场景中取材，对材料进行重新改装和设计，打破学生固有的认知，激发其对新事物的探索欲望。此外，取自生活中常见的材料所制作的教具可以给学生带来亲切感，帮助学生克服学习中的畏难情绪。

其次，满足学科教学的需要。不同学科具有不同的特点，如科学具有实践性、生活性、自然性，数学具有逻辑性、抽象性等，学生在进行不同学科的学习时会产生不同的观感，教师需要根据学科的特点制作教具。以科学学科这类实践性较强的课程为例，在制作教具时，教师可以带领学生亲自参与其中，锻炼学生的动手实践能力，开发学生的思维能力，调动学生的学习热情，使其主观能动性充分发挥出来，形成对科学学科的兴趣。

再次，注意吸收最新的科技成果。为了更好地培养学生的核心素养，在制作教具的过程中，最好适当地融入一些新兴的科学技术，对教具制作设计进行优化，反映出科学的思想观念。这样做可以使制作出的教具表现出创新性，将勤于思考、勇于创新的精神品质传达给学生。

最后，符合经济、便捷和创新的要求。结合多届名师工作室教学研训实验中的教具评选活动结果来看，具有创新特色的教具往往能够获得更多的好评，因为它们为教具制作的持续发展提供了助力。除了创新性之外，教具制作还应符合经济、便捷的原则，即价格要低、材料要容易获取，这样才适合广泛推广应用。

三、乡村学校教具制作实践研究

（一）在教具制作方法上作出创新

结合乡村学校教学实践来看，很多教师对教具的制作和使用都不够重视，他们认为教具制作的应用效果并不理想。出现这种现象在于他们没有掌握正确的制作方法。制作方法的优劣很大程度上决定了教具的使用效果，只有跟随教育改革的脚步对制作方法进行创新，才能使教具更好地服务于教学活动。

根据各学科实践教学现场状况可知，模型类教具的应用最为广泛，其直观性很强且易于保存、制作便捷。想要制作出更好的模型类教具，在制作思路和方法上都要寻求创新。例如，科学教师在带领学生了解星空的过程中，可以建构一个星座模型。根据教材中的制作流程，使用橡皮泥捏成圆形代表星星，之后将其穿绳悬挂在钻孔的纸板上，代表天空，之后使用投影的方式在空白的墙上留下北斗七星的图像。但橡皮泥不能发光，因此无法营造出良好的视觉感受。在乡村学校中，教师可以根据自身具备的条件使用半透明塑料片制成简易投影仪，使用废弃的塑料文件、电线以及 LED 灯作为材料，将七个 LED 灯嵌入方形纸板中，装入电池使其发亮，之后用笔将其描画下来，就制作了一幅美丽的星空图。

这种方法为教具创新提供了参考，告诉我们在制作教具的过程中要学会变通，根据自身的条件灵活地使用材料，让整个制作的过程变得更加清晰、直观和形象。同时，也为学生留下了更多的探索空间，让他们思考是否还可以使用其他材料进行替代。

（二）对教具的制作材料进行创新

乡村学校由于教育经费紧张，在制作教具时能够动用的经费很少。在这样的情况下，就需要教师对教具制作的材料进行合理的筛选，尽可能地从实际生活中选择素材，拉近和学生们之间的距离。例如，在学习《温度与水的变化》这一单元中关于“水的循环”知识点时，为了更好地引导学生去探究温度对物质状态的影响，教师除了可以使用温度计，还可以借助一些常见的材料制作一个简易的“水循环系统”。首先要对其原理进行明确,即水的液态—气态—液态转变。材料方面可以选择教学所用输液器的放大器，帮助学生更好地观察水的形态的转变。除此之外，还需要使用到易拉罐、塑料瓶、酒精灯等材料和器具。通过酒精灯加热易拉罐内盛放的水，水受热变成气态上升到塑料瓶内，冷却为小水滴粘附在瓶内壁上，最后汇聚顺着输液器流回到易拉罐内。

该教具“水循环系统”使用的都是生活中比较常见的材料。通过教师的奇思妙想以及改造开发，制成教具，将水循环的整个过程清晰地展现在学生眼前。该实验的原理非常简单，制作材料也易于获得，成本很低，操作也十分简单方便。同时也为学生留下了自由探索的空间，学生完全可以根据实验原理自己搜集材料制作教具，使教具变得更加丰富。

（三）在教具制作形式上进行创新

形式创新也是教具开发制作的一个途径，很多效果生动、形式新颖的新型教具走入课堂教学，如新媒体教具，但乡村学校尚不具备这种条件，这就需要教师发挥想象力，在形式上进行调整，以适应乡村学校的课堂教学。例如，在学习《生物与环境》这一课时，教材上列举了各种动物的生存环境和生存状况。在不具备视频教具的情况下，教师可以充分利用废纸板构建一个完整的生态图。通过绘画的形式将各类动物描绘出来，制作成卡片。之后用同样的方法制作各类环境条件，如草原、河流、森林等，将其粘贴在硬纸板上，表示自然生态环境，之后按照各种动物的生存习性将其摆放在正确位置，形成一幅完整的生态图，让学生直观地了解各种动物的生存环境。

四、结语

综上所述，在乡村学校教学中，通过自制教具的方式可以有效解决教学资源不足的问题，同时还能够有效调动学生的兴趣和积极性，使其感受到实践的快乐。教师根据课程内容和理念进行教具创新符合新课程改革的精神，为教育教学工作的顺利开展提供助力。

五　听评课实践研究

听课是从事教师行业的开始，是教师走上讲台的基石；听课是教师的基本功，是乡村教师专业成长的一条重要的路径。听课如蜜蜂采蜜，叮的花越多，收获就越大，酿的蜜的质量就越高。听特级教师、名师的课，能开眼界、长见识；听普通教师的课，能发现问题，窥见自己的短处，让自己少走弯路。只有大量地听课，将众人的长处学到手，才会得到发展，才会有创新。

如果上课是“画龙”，那么评课就是“点睛”，“龙”因“睛”而腾飞。这很形象，同时道出了评课的重要性。一节课往往因专业的评课而精彩，上课者因专业的评课而茅塞顿开、豁然开朗。

很多农村教师，压根不知道如何听课、评课，找不到正确的方向，听什么、评什么，大脑里一片空白。就这样日复一日，年复一年，影响着自身的专业化发展，从而止步不前。

一、乡村教师听课、评课的现状

把乡村学校比作一棵大树，树根指乡村教育，树干指广大的乡村教师，树枝指教师的专业化发展，树叶指听课、上课、评课。而目前，乡村学校的现状是干粗，枝不繁叶不茂。

（一）听课、评课只是为了完成任务

目前，学校要求教师一学期必须完成二十节课的听课任务。因此，大多

数教师听课就是为了完成任务,而不是基于“取长补短、提升自我”去做这件事。

(二)学校的教研活动流于形式

很多农村学校每个学期按照教育局对教研活动的要求开展公开课、示范课、研究课活动，但基本上都是任意选择几个教师上课。教师只是为了完成任务，根本就没有精心准备，快轮到自己上课时，就随意从网上下载一个课件。甚至不可思议的是，有的教师在上课前连下载的课件都没看过。正式上课时，发现课件不能打开，他也就无法正常进行教学了。这种态度会让听课的教师很不舒服，让他们觉得淡然无味。对于想学习的教师而言，会一无所获，越听越乏味，评课也就出现了敷衍了事的情形。

(三)教师找不到正确的方向

乡村学校的教师，承担的教学任务很重，教师出去听课、评课的机会很少。特别是那些特岗教师，更是丈二和尚摸不着头脑，“听什么”“怎样评”完全按照自己的意愿，没有找到正确的方向。有的教师甚至离正确方向越来越远，这对自己的专业化发展很不利。

(四)没有完整的听课、评课的机制

每个学校都有一套评价教师的机制，教师都会按照这一套标准去做，从而走向成功。如果听课、评课也有一套完整的、有效的机制，那么教师就有可着手之处。完善、有效的机制就像一盏指路灯，引领教师走向正确的方向。

(五)教师听评课的目的、态度偏离初衷

1.听课的目的

(1)学习别人的优点，弥补自己的不足；

（2）发现别人的问题，找出解决问题的方法和策略；

（3）给别人教学挑刺，证明别人的教学方法不如自己，没有自己优秀。

2. 评课的目的

现在评课一共有四类:坐着评、站着评、跪着评、骑着评。坐着评,从从容容，坦坦荡荡，或赞赏，或称奇，或意会，或困惑，或质疑，一切以朋友的心态对待。站着评，指点江山，激扬文字，以平等人格做平等的对话，趣在挑战，意在超越。跪着评，顶礼膜拜，俯首贴耳，只知叫好，只知听从，只知鼓掌，只知悦纳，于是缺点变成了优点，谬误也成了真理，一切以信徒的心态对待。骑着评，横刀立马，针锋相对，一切以敌人的心态对待。部分教师就是抱着这种骑着评的目的来评课,只看到别人的缺点和不足,却无法看到别人的优点，自己也无法获得成长。

二、有效听课促成长

如果我们仅以为听课是完成学校任务，那么这种听课就没有效果或收效甚微。目前，省级乡村名师工作室的成立，为乡村教师开辟了一条光明大道，为乡村教师搭建了学习平台。乡村名师工作室采用“引进来、走出去”的模式，让乡村教师能够近距离地和专家、特级教师、名师面对面地交流，听他们指点迷津;让广大乡村教师都能站到“巨人”的肩膀上,看到更广阔的天空。通过省级乡村名师工作室的示范引领，乡村教师在实践中不断反思，在反思中不断成长。广大乡村教师要想从听课中有所收获，提高自身教学水平，促进自身快速成长，就应该改变以前的被动式听课方式，根据自身的教学需求，自觉、自发、自主地参与学校、工作室的听课活动，这样的听课才能听出授课者的智慧，听出自己的优势和不足，听出以后努力的方向。当然，在走进课堂听课之前，一定要有充分的准备，有准备的听课才有效。然而，怎样听才有效呢？

（一）研究教材

在听课前，我们一定要认真研读《义务教育课程标准（2011年版）》，知道《义务教育课程标准（2011年版）》对每个学段有什么要求，要达到什么样的目标，对教师的教和学生的学有什么定位。然后，再认真研究教材内容，不要走马观花地看，一定要以一个学习者的态度，把教材吃透。

（二）了解执教者的设计思路

不同的人，有不同的教学方法，有不同的教学思路。他们根据教材内容、学生特点，拟定一套完整的教学设计方案。我们在听课之前，就要先了解执教者为什么这样设计，他想达到什么样的教学目标；他采用哪些教学方法，想达到怎样的效果；他采用哪些教学方法来突破教学重点、难点。

（三）认真记录及评价

我们在认真听课时，要做好记录。当然，记录不是执教者上课内容的再现，这样的笔记毫无意义。

1. 记录闪光点

每一个教师都有属于自己的独一无二的教学方法，我们要把这些闪光点记录下来，分析它好在哪儿，然后结合自身的需求，把这些闪光点进行加工整理，变成自己的东西。切记在使用时不可照葫芦画瓢，一成不变地照搬，否则就会导致东施效颦。

2. 记录不足之处，提出改进的建议

我们说，每一节课都是有缺陷的艺术品。作为听课者，要把这微乎其微的缺陷挖掘出来，并做好记录。在记录的旁边提出改进的意见和方法。长此以往，教师的成长速度一定会很快。

3. 听课的教师要分工合作记录

一节课的元素很多，光靠一个人记录的话，得出的结论就会很单一，没有什么针对性。因此，我们可以请多位教师来听课，把每个教师重点听的板块细分，如一共有五个教师听同一节课，第一个教师就重点记录执教者提出了几个有效问题；第二个教师记录提问的是什么层次的学生，学生是怎样回答的以及学生掌握知识的情况；第三个教师记录执教者哪些地方使用了多媒体，是否对教学有所帮助，如果没有，应该如何改进；第四个教师记录执教者的教学方法是否符合新课程理念，是否符合学生的特点，在遇到突发情况时，教师用什么方法解决；第五个教师重点关注教师如何开展小组合作学习，学生在小组合作学习中的表现、反应及收获，并提出改进的方法。最后把这五个教师记录的内容进行总结、整理、提炼、升华、归纳，就可以发现这节课的闪光点以及存在的不足，就可以找到研究的方向与解决问题的策略。

4. 根据自己的需求听课

不同层次的教师听课的目的不一样，乡村名师工作室经常会到不同的乡村学校开展课堂诊断、送教送培的活动，也经常会让不同水平的教师执教。这样一来，教师就可以根据自己的需求，选择课来听。如果想学到更多的教学方法，就多选择特级教师、名师、骨干教师的课来听，听他们的教育思想、教学理念、教学机制以及如何驾驭课堂、如何创新、如何把多媒体教学与自身的教学融为一体、如何让学生积极主动地参与到教学活动中来……如果教师是为了研究教学中出现的问题，那就选择听一些特岗教师或教学经验少一点的教师的课。这样，就可以找到一个自己研究的方向，对自身的专业化成长有很大的促进作用。

听课就如同读一本教育教学类的书，一本活动的、在场的书。教师如果有备而来，又仔细认真，还思考笔记，换句话说，教师能力透纸背，那么就会收获满满，喜悦多多。反之，教师若心不在焉，视而不见，听而不闻，有书莫如无书。

三、如何评课

会听还要会评。评课的核心是倾听与理解，背离了倾听与理解的评课，往往会沦为妄评、乱评、空评、瞎评。善于倾听与理解的评课，首先在于评课者有虚静之心。因为虚静，方能全身放开、全心投入，才能平等观照、自由融合，最终实现评课者与执教者的视域融合。好课永远是相对的，不存在放之四海而皆准的评课标准。课堂是由具体而丰富的教学细节构成的，剥离了这些细节，就不存在所谓的好课标准。因地评课、因时评课、因人评课、因才评课、因景评课才是科学的、富有生命力的评课。一把尺子量不出好课，对不同的教师要有不同的教学期待、不同的衡量尺规。评课者首先需要的是温度，是发现阳光、播撒阳光的温度，要让执教者通过评课者的评议，重新找回一个教师的职业尊严和专业激情。不同类型的课，承担不同的研究任务，评课不仅要让执教者有收获，也要让自己有进步，要让所有参与工作室活动的教师都得到专业成长与发展。评课者通过评课反问自己从中“悟到了什么？学到了什么？”，这就要求评课者将自己置身于真实的课堂情景中，进行换位思考，移情体验。同时，要不断将自身的职业经历与专业经验融入对课堂情景的理解与感悟中，推己及人，由人返己。那么，我们应该如何有效评课呢？

（一）好课的标准

1. 目标实现的程度

对于不同班级、不同年龄阶段、不同层次的学生，教师设定的目标截然不同，教学方法也因班而异、因生而异。执教者目标实现的程度可以从两方面来评：一是分三维情况评价，二是分学生层次评价。

2. 目标实现过程

（1）课堂氛围

课堂氛围是在教学过程中产生并发展起来的，是我们教学活动顺利进行的心理基础，也是进行创造性教学的必要条件。课堂气氛直接制约和影响着师生的关系，师生之间信息和情感的交流直接制约和影响着教学过程和结果，也影响着教学效果。积极的、良好的课堂气氛，会给教师和学生愉悦气氛的刺激，使师生精神焕发、思维活跃、灵感激发。师生在教学过程中的情感交融、心理共振、默契配合，充分激发了学生学习的潜能，从而使教师较好地完成了教学任务，而消极的、紧张的或对抗的课堂气氛，会使师生态度消极，严重制约师生教与学的积极性与创造性。因此，首先要看课堂气氛，但课堂气氛活跃的课不一定都是好课，评价者要根据具体的课堂情景，做出正确的评价，具体问题具体分析。

（2）师生付出状况

课堂是教师与学生之间心与心交流的场所，教师只有用心播种、耕耘、浇灌、施肥，种子才会发芽、成长、开花、结果。教师付出多少，学生付出多少，评课者要用心去观察，用心去体会。教师的付出、学生的付出是与教学效果成正比的。一个全身心投入教学的教师，会完全与课堂融为一体，完全与学生融为一体，实现心灵与心灵之间的对话。而学生付出多少，会直接影响到每次师生对话的效果。作为评课者，要用心去聆听师生间的对话，要使自己成为戏中人，才能体会到教师、学生的付出究竟有多少。

（3）系统性和条理性

系统性是指教学要按学科的逻辑系统和学生认识发展的顺序进行，系统地掌握学科知识、基本技能，形成严密的逻辑思维能力。评课者要从执教者是否抓住课的重点，用什么方法突破和解决重点，是否围绕重点对学生进行启发诱导、深入浅出；执教者是否使抽象的内容具体化、形象化，是否使繁杂的内容简单化，易不易于学生消化等方面进行评价。

条理性是指教学要有规矩、有逻辑、不混乱。评课者要观察教师的条理是否清晰、有条不紊，是否可以使教学层层推进。

（4）信息刺激的深度和兴奋度（记忆的持久性）

一个好老师可以影响学生的一生，让这些学生一辈子都能记住自己。而一节好课，则能在学生的大脑里生根发芽。

（二）评课的内容

1.评教学设计

教学设计是执教者教学理念、教学思想的集中体现，也是执教者智慧的结晶，评课者一定要认真看教学设计，才能做出正确的评价。

2.评教学目标

评教学目标主要是看教学目标是否符合《义务教育课程标准（2011年版）》的要求，是否全面、具体、适宜，是否有针对性、导向性。

同时还要看在教学目标的实施过程中，教学目标是否明确体现在每个教学环节中，教学手段是否紧密围绕教学目标，为教学目标服务。

3. 评教学环节

教学环节是一节课的动脉血管。如果血液正常流动，那么这节课就是有生命力的。血管任何一处出现问题，都会影响血液的正常流动。所以评课者要看执教者教学中的每一个环节是否是紧密联系、层层推进的。

4. 评教学过程

评课者要看执教者的教学过程是否体现出语文学科的实践性特点；是否注重形成立体学科教学环境，使学科学习成为探究、发现和创造的活动；是否着力培养学生的自主、合作、探究的学习方式；是否流于形式；执教者是否科学调控教学进程；执教者的教学方法有没有创新；学生学习是否紧张有序；教学问题暴露是否充分，解决是否彻底；学生学习效果好不好；执教者教学反馈是否及时；课堂练习设计是否典型、合理、有梯度；执教者课堂结构是否完整，时间安排是否得当。

5. 评学生

评课者要看学生是否能积极主动地参与到教学活动中来，是否真正学会了学习的方法，是否会用学到的方法解决学习和生活中遇到的问题。

6. 评反思

评课者要认真倾听执教者的反思，把执教者的心路历程与听课者所观察到和记录到的课堂历程以及听课思考进行比照，可能会产生新的认识。奥苏伯尔提出，有效教学必须建立在了解学生的基础上。其实，有效评课也应建立在充分了解执教者的基础上。

（三）评课的方式

评课者要一分为二看问题，只对课不对人，问题分析要有据，建议具体有针对，帮助别人也帮助自己。

听课是用笔记录，评课则是用笔思考，用笔思考就是书面表达，书面表达要有严密的逻辑，其作用无可替代。对于乡村教师而言，听课、评课与备课、上课一样，是家常便饭。听课、评课的质量和备课、上课的质量，决定乡村教师的工作质量。因此，作为乡村教师的我们，一定要学会有效地听课、评课，这样才能提升自己的专业技术水平，才能打造高效课堂。

六　学生课外实践活动

在乡村学校传统的课外活动中还存在很多问题，比如：学生学习的知识与实际生活脱离了联系，学到的知识无法用于生活中，于是学生无法意识到学习知识的实用性与重要性，导致出现学习态度不端正、学习意识薄弱、学习能力差等问题。针对此类现象，在新课程标准下乡村教师要改变传统的教学模式与理念，做好课外活动的导演，把学生作为课外活动中的主体对象，结合学生真实的学习进度与需求，设定课外教学实践活动，让学生在良好的课外教学情境中运用所学知识并学到新知识，充分提高课外活动的教学质量。基于此，这部分内容针对当前乡村学校课外活动教学实践面临的困境，主要探讨了乡村学校教师指导学生课外实践活动的主要策略。

现阶段的乡村学生、家长已经认识到学习的重要性，因此不管是走读生还是住校生，他们的大多数时间都花在对课本知识的学习上，而在课外所花时间较少。如果学生仅仅学习课本知识，即使他们能考个好分数，也只是掌握了基础知识，学生的能力得不到根本发展。为了充分发展学生的核心素养，许多教师引导学生将课堂教学拓展到课外，让学生借助课外的各种活动来提升学习能力，为学生今后的学习奠定基础。随着素质教育的不断推进，乡村学校教师要善于定期开展课外实践活动教学，让学生能够利用课堂中所学的知识去解决实际生活中遇到的问题，并为学生营造一个轻松、愉快的学习氛围，使其感受到学习知识的快乐，从而能够全身心地投入课外活动中去，在课外活动中促进自我表达能力、人际交往能力和实践创新能力的提升，为终身发展打下良好基础。

一、课外活动的相关概述

课外活动是学生在正式课堂学习之外的一切非学术性活动及正式课程维度之外的学习体验。这说明课外活动并不像课堂教学一样以学习知识性的理论为主，而是连接课堂教学与学生生活的桥梁，是对课堂教学内容的必不可少的补充。根据组织者的不同，课外活动还可以分为校内活动和校外活动。校内活动主要是由教师引导开展的实践活动，但是活动不仅仅局限于校内，还可以在校外进行。例如：教师可以组织学生在社区进行清除小广告的劳动，虽然是在校外进行的，但是因为是教师引导的，所以该活动仍属于校内活动。校外活动主要是校外的教育机构组织进行的活动。这部分内容主要探讨的是校内活动，其可以分为兴趣型活动、公益型活动和娱乐型活动。

二、当前乡村学校课外活动教学面临的困境

（一）教师教学任务繁重，缺乏专业化发展意识

乡村教师教学课时多、任务重，小学的周课时在16课时左右，初中周课时在14课时左右，再加上备课、批改作业、与学生交流反馈、辅导谈话等工作，教师处于持续繁忙状态，很少有时间和精力学习和研究专业知识，完善个人专业化发展体系，实现教师职业专业化。这导致教师长期生活、工作缺乏激情。他们在教学实践中不求有功，但求无过。于是很多教师只忠实于课本知识的讲解，对其深处的教育意义挖掘较少。久而久之，一个个鲜活的乡村教师被磨去理想、希望的锋芒，成为名副其实的“教书匠”。

（二）乡村学校经费紧缺，教师工作环境差，培训机会少

通过参加乡村名师工作室活动，我们了解到：乡村学校学生人数少，经费紧缺，在教师工作环境的改善、学习资源和机会的提供上心有余而力不足，不能及时给教师创造良好的工作环境，无法提供优质的教学、学习资源和参加学习培训的机会，难以解决教师在教育教学工作中遇到的难题，不能为教师专业发展搭建更好的平台。甚至还会认为派教师出去“取经”会耽搁学生的课程，影响学校教育教学质量的提升。

（三）优秀典型教师数量有限，达不到预想的示范引领效果

乡村教师中的优秀典型人物不多，无法达到对乡村教师群体预期的示范引领效果。虽然各级政府也为乡村地区培养了部分骨干教师、教学名师，但数量极其有限，若要以点带面，难度较大。

（四）大多数教师缺乏创新意识和创新能力

在课外实践活动中，同样需要创新。但大多数乡村教师认为创新是高大上的课题，创新是科学家们和专家们才能实现的。这对于一个小小的乡村教师来说，他们想都没想过，即使有少部分教师想过这个问题，又不敢大胆尝试。因此，他们与创新脱轨了。

（五）乡村学生多为留守儿童，其学习基础弱

由于乡村学校多位于偏远地区，大多数学生的家长都外出工作，因此学校的学生多为留守儿童，家庭教育属于隔代教育。这些学生的学习基础弱，学习方法落后，缺少父母的照顾和关爱，在课外活动中往往会遇到更多的困难和问题。

三、开展课外实践活动的重要性

（一）课外活动是课堂教学的延续

新课程标准下，教师不仅教授课本知识，还要不断地拓宽学生的知识面，这样才能够帮助学生构建完整的知识体系。而课外互动就是课堂教学的延续与拓展。学生在实践活动中能够潜移默化地运用课堂中所学到的知识，做到由此及彼，学以致用，进而意识到学习知识的重要性，所以课外活动在学校教学中占据着重要的地位。

（二）课外活动是课堂教学内容的巩固升华

每一个学生的学习能力与理解能力都是不同的，教师要充分尊重学生之间存在的个性化差异，在课外活动中学生可以再次巩固、理解课堂上所学的知识，帮助自己加深理解与记忆。所以说课外活动属于对课堂教学内容的巩固与升华，学生可以在课外实践活动中重点去攻克难点问题，消除学习知识的畏惧心理，拥有战胜困难的决心。

（三）课外活动是课堂教学内容的实践运用

在课堂教学过程中，教师往往比较注重对理论知识的讲解，即使意识到了培养学生的实践能力的重要性，但是毕竟课堂时间有限，根本无法给予学生充分的自由发挥和想象的空间。而课外活动属于课堂教学内容的实践运用，学生可以在课外实践活动中运用所学知识进行沟通交流，在交流过程中顺其自然地提升运用能力、迁移能力与表达能力，进而培养其良好的学科素养。

（四）课外活动可以反馈课堂教学的成效

在传统的乡村课堂教学中，教师在结束一堂课之后往往通过课堂笔试来测试学生对知识的掌握程度，在一个学期结束之后也仅仅是通过学生的期末考试成绩来评价学生，导致课堂教学评价缺乏多样化与整体性。而课外实践活动可以反馈课堂教学的成效，学生在课外活动中运用知识的能力才是其真正的学习水平体现。在实践活动中教师可以结合学生的交际沟通能力、知识运用能力来对学生开展评价，这也是发现学生学习闪光点的重要途径，以此来提高学生学习知识的自信心。

四、乡村学校教师指导学生课外实践活动的有效策略

（一）恰当导入活动，激活学生思维，把学生作为课外活动实践的主体

课外实践活动开展过程中，课程导入作为整个活动的开端，具有十分重要的作用。课外实践活动教学的好坏是由课前导入的好坏决定的，好的课前导入可以使课外实践活动教学事半功倍。因此，教师在课外实践活动教学中，要根据课程内容选择新颖的、有时代感的和有针对性的材料来进行导入。图片导入法就是一个很好的导入方法，如：假如要参观奢香博物馆，就先给学生展示几张奢香夫人的图片，学生一下就明白他们要去了解奢香夫人的历史，她是大方的女英雄，学生们听说过她的故事，去的过程中就会积极讨论，由此激发了学习的主动性。角色扮演也能把学生带入活动，如小学英语的英语角活动“购买学习用品”，在一个有学习用品的“小商店”中，两位老师一个充当“售货员”，另一个充当“顾客”。学生马上就跟着老师学，自然就学会扮演这两个角色，还有一些学生争当“老板”，达到在学中玩、在玩中学的学习效果，既能够让学生学到更多的知识，又能够给善于表演、善于模仿的学生展示自己的机会，可谓“润物细无声”。

（二）改革课外活动方式，注重实践教学的有效性

课外活动需要教师采用新型的施教方式，同时也需要学生掌握学习活动

的技巧和方法。这是一个需要师生共同参与的双边活动，要想达到理想的活动效果，师生就必须通力合作、共同努力。作为学生学习的引导者，教师要主动学习相关方面的知识，提高自身修养，并帮助学生提高技能，使课外活动成为学生综合发展的载体，在课外活动中给学生更多自主实践的机会和平台，让学生在活动中亲身体验、积极探索，这样才能实现活动的有效性。

（三）实践活动要注重可持续的学习

“教是为了不教。”为了实现这一目的，在开展课外实践活动的过程中，教师需要有针对性地训练学生终身学习的能力，在均衡发展的前提下提高活动的实用性。在当前的社会变革下，只注重学生的考试成绩的传统教学模式亟须改革和优化，教师要帮助学生树立终身学习的理念，使学生形成一种良好的学习习惯，进而培养其主动学习的能力，让学生在长期坚持的过程中达到更理想的学习效果，这对学生一生的学习和成长大有裨益。对于学生而言，这是提高水平的关键；对于教师而言，这是提高教学质量的命门。为了实现这一目标，教师需要在课外活动中注重知识的拓展和延伸，有意识地对学生进行积极的引导，为学生提供更多学习的平台，比如读书角、网络等，让学生看到更精彩、更丰富的与课堂教学有关的知识，让持续化学习状态的实现具有更大的可行性。

（四）组建乡村学校课外活动社团

1. 致力于社团开发管理，创建精品社团

社团开发管理要从社团创建初期入手，要全面地了解学生对各种社团活动的需求，客观合理地评估社团活动的可行性，进而创建出符合学校实际情况的社团活动。以打造学校特色社团为目的，让社团活动融入学校文化建设工程，创建精品社团。

2. 激发学生的积极性，尊重学生的个性发展

乡村学校的学生社团活动应该将学生管理能力的培养和提高作为重点。针对学生多样化的需求，学校要积极地在各种活动中搭建更多平台展示社团风采，比如文艺汇演、才艺比拼或者家长会服务等，用不同的形式鼓励社团发展，避免统一性成为社团活动的特征之一。这样不仅能锻炼学生们的能力和才艺，让专长和兴趣得到发展，激发学生的积极性，还能让家长更加全面地了解孩子的“另一面”。

3. 成立专门的机构，规范化管理社团活动

实现乡村学校社团活动的规范化管理需要学校设立专门的管理机构，并选择负责艺体类教学的教师来担任管理机构的主事人。从多方面对社团活动进行科学的管理，包括社团规模和数量、活动形式和内容、指导教师的能力、学生在组织活动中的自主发展能力等。

4. 优化管理制度，为活动奠定良好基础

乡村学校社团活动的顺利开展会受到多方面因素的影响，因此需要根据实际情况建立完善的管理制度，通过管理制度将具体工作进行明确划分，建立起具有科学性、合理性的管理架构。对乡村学校社团活动而言，拥有健全的管理制度不仅能监督教师在社团活动中的表现，让教师的社团管理工作有一个辅助“工具”，还能让多种社团活动的开展时间得到合理安排。每一个社团都需要立足于自身来制订工作计划，明确社团活动的内容、方式和时间，让学生养成良好习惯，在固定时间与场合参加社团活动。

（五）结合校园文化和地域特色开展课外活动

学生是校园的主人，营造校园环境应该体现以学生为主体这一价值理念，让校园的每个角落变成一个展示学生才艺、放飞梦想的舞台。首先，需要将课外活动与校园文化活动相结合，比如：将书法或绘画社团的作品放入宣传窗；将优秀的小记者社团学生作品刊登到校园期刊中；让合唱社团、舞蹈社团的成果展示到才艺表演中；让主持人社团走进校园广播室。其次，要结合特殊节日或活动进行展示。很多乡村学校也有自己的节日，比如艺术节、体育节和读书节等，这些节日都可以作为社团学生特长的展示舞台，还可以让学生在集体户外拓展活动中发挥一技之长。最后，要结合地域特色进行展示。很多乡村地区因特有的物产、人文或地理风貌等呈现异彩的地域风情，如百里杜鹃花卉培植、奢香博物馆导游培养等，这些都可以作为学校艺术社团的展示舞台。

五、结语

综上所述，乡村学校教师要加强对课外实践活动的重视，给予学生更多的自由发挥空间，利用课外实践活动来拓宽学生的知识面，提高学生参与学习的自主性与积极性，激发其学习意识，提升其学习能力，为学生终身发展打下坚实基础。

第三章　教师科研与素养提升研究

一　教师教育科研实践研究

新课程改革对乡村教师提出新的要求。在科技高速发展的今天，对于乡村教师来说，最为重要的是开拓与创新，教育将越来越多地培养学生创造性地解决问题的能力，教师成为学生创造力的培养者。在这种背景下，乡村教师原有的知识和经验已不能适应当前教育的需要，教师要通过不断的学习来充实自己，从一个单纯的教书匠向研究型教师转变。

那么，什么是研究型教师呢？所谓研究型教师，就是懂得新的教育教学理论，能自觉地运用教育教学理论去教书育人，提高学生的综合素质，对教育问题能做深入的研究与探讨的教师。但是，在教育科研能力上，乡村教师的基础极其薄弱，郑金洲教授曾撰文指出，中小学教育科研存在“有行动无研究、有研究无成果、有成果无转化、有方法论无具体方法、有定性无定量、有叙事无提炼、有课题无问题、有师本无校本、有分析无元分析”等基本问题，很多乡村教师在从事教育科研的过程中往往会或多或少地感觉无从下手。省级乡村名师工作室的专家、顾问就如何选题、如何开展课题研究、如何结题展开了深入的研究。

一、如何选题

对于乡村教师而言，教学与科研的关系不是对立的，两者相得益彰、互相促进。对于工作在一线的乡村教师来说，对教学中出现的问题有思考但没有进行研究，如每节课我们都要提问，大多数乡村教师关注的是学生回答正确与否，而没有思考自己提问的方式、提问的有效性和面对不同的学生时该用哪种方法，南宋朱熹《观书有感》云:“问渠哪得清如许，为有源头活水来。”乡村教师就如池中的浮萍，其科研无处着手。因此，我们在做科研时，不能闭门造车，脱离我们的教育教学实践。脱离了教育教学实践，我们的科研就会变得死气沉沉，毫无生气。

（一）选题步骤

1. 确定选题领域

对于乡村教师来说，选择在教学中要解决的、自己感兴趣的问题至关重要。如现在乡村教师对如何上好习作课、口语交际课、群文阅读课和如何落实语文核心素养等问题比较感兴趣。

2. 初选研究课题

我们选定课题时，方向要相对明确，不能变来变去。如：如何进行有效提问，如何开展小组合作学习，等等。

3. 确定目标

我们选定课题之后，就要确定达到什么样的目标。

4. 细化选题

每一个选题都可以细分为若干个子课题，如本工作室省级专项课题“省级乡村名师工作室引领县域教师优质课堂教学的实践研究”就可以分为四大板块：课堂教学提升研究、备课教研提升研究、教育科研提升研究、教师素养提升研究，然后再把四大板块细分具体化。

5. 选择研究方法

我们要根据自己所要开展的课题选择合适的方法，常见的研究方法有：观察法、调查法、测验法、行动研究法、经验总结法等。

6. 论证课题

乡村教师在确立课题后，还必须经过论证，没有经过论证就开展课题研究，可能会徒劳无功。

（二）选题原则

科研选题应该遵循以下原则：价值性原则、创造性原则、科学性原则、可行性原则和灵活性原则。如本工作室成员申报并获立项的市级课题“希沃白板 5 在农村小学语文教学中的应用研究”。

第一，该课题是在一定的科学理论指导下进行的。

第二，该课题围绕“为了让农村小学语文教师在语文教学中更加便捷地备课、授课，优化课堂教学效果，培养学生良好的语文学习习惯和终身学习的能力，针对希沃白板 5 在语文教学中的应用进行探讨和研究，使希沃白板 5 这一优质的备课、授课工具在小学语文学科教学中更好地发挥辅助作用，进一步提高教师的课堂驾驭能力，更好地为实现学生的全面发展和提高教育教学质量服务”进行实践研究，具有一定的研究价值。

第三，希沃白板 5 是一种新型的教学辅助工具，该课题围绕这一工具在农村学校教学中的应用展开研究，具有一定的创新性。

第四，随着农村办学条件的逐步改善，农村学校逐渐配齐各种教学设备，希沃白板 5 也被引入课堂。我们许多农村小学的教师运用信息技术教育工具的能力还停留在运用幻灯片辅助教学上，没办法充分利用优质教育教学资源，把希沃白板的强大功能有机使用于教学中。农村教师亟须提高这方面的能力，该课题就是在这样的条件下展开研究的。

（三）选题策略

1. 由小到大、由浅入深

由小到大、由浅入深，逐步推进，不要期望一蹴而就。要选准一个合适的研究突破点，从小做起，当获得成果和经验以后，再慢慢扩大研究的范围和领域。

2. 从教师形式化、淡化的问题入手

在研究中，很多乡村教师会忽略小学语文中的很多领域，如“如何有效提问”“如何有效地开展小组合作学习”等，很多教师都会把这些领域形式化、淡化。然而，这些并非不重要，只是没有引起足够的重视，在这些领域中，有很多值得我们去研究的内容。

3. 成果迁移

我们可以把其他领域中已研究的原理、成果、方法、技术等应用到自己的教学研究中。

4. 搜集整理法

很多乡村教师一提到课题申报就感到头疼，选择课题时就感到手足无措。因为他们在课题研究前没有进行大量的资料搜集整理、提升以及内化，所以，我们在平时就要做一个“有心人”，多搜集、勤整理，才能做到需要时信手拈来。

二、如何进行课题研究

（一）选取研究对象

我们先来看以下几个题目：希沃白板 5 在乡村小学一年级 3 班语文教学实践中，多媒体在语文教学中的实践研究，如何提高教师的课堂实践能力。从这三个题目中我们就可以看出，大多数乡村教师在确定研究对象时存在着诸多问题，如“多媒体在语文教学中的实践研究”的研究对象就没有明确，它的研究对象是乡村学生还是城市学生？是小学生还是初高中生？如果研究对象不是很清楚，应在抽样前做出明确的规定，否则会对结果推断造成影响。“希沃白板 5 在乡村小学一年级 3 班语文教学实践中的研究”限定抽取的样本范围过小，会直接影响样本的代表性，这不仅不利于统计分析，还影响研究效果。反之，抽取的样本容量过大也会影响我们研究的进行，而且，实施起来会因过难而没有可操作性,就如选题“如何提高教师的课堂实践能力”一样。

（二）提出研究假设

我们可以把假设理解为对某项研究的结果的预期，它是研究的核心，为课题研究指明方向，它也能够指导研究者合理设计出研究方案。假设能将抽象的概念与具体的经验事实联系起来，是探索新理论的桥梁。

假设的主要特征表现为：科学性、预测性、可检验性等。常见的假设类型主要有：归纳假设、演绎假设、描述性假设、解释性假设、预测性假设等。

（三）撰写文献综述

1. 撰写的基本程序

（1）选题。确定综述的主题和选材范围。选题时，应考虑主题的理论价值和实践价值，以及相应文献收集的可能性，以使综述具有较强的针对性和可行性。

（2）选材。确定选题后，就应根据选题的需要，充分利用检索工具查找与选题相关的文献，对获得的文献进行筛选和甄别，选取那些具有一定理论价值的文献作为综述的参考、引用文献。

（3）认真研读，写出文摘。这是综述撰写中很重要的一环。只有真正了解文献的内容，才有可能写出好的文献综述。

（4）拟定写作提纲，组织材料，形成报告。在阅读大量文献的基础上，对所选取的材料进行分析、整理之后，应拟出提纲，组织材料，进行撰写。

2.撰写的要求

（1）收集文献应尽量客观、全面，引用的文献须可靠、科学。掌握全面大量的文献资料是写好文献综述的前提，随便收集一点资料就动手写是不可能写好综述的，甚至写出的文章根本不可能被称为文献综述。

（2）观点和材料协调一致，做到述评结合。材料是文章中的“骨肉”，是证明观点的论据，是论点成立的依托。论文的论点是在对材料的阅读、分析、研究中产生的，它是对材料进行整理、分析、概括、提炼的结果。因此，论点不能脱离具体材料，二者应该协调一致。

（四）拟定研究计划

我们在拟定研究计划时，需要明确我们要研究什么，为什么研究，如何研究，以及研究的效果如何。

（五）确定研究方法

我们在选定课题后，再根据课题所需选择合适的研究方法，常见的研究方法有观察法、调查法、文献法、实验法等。

三、结题时遇到的问题

（一）文体不清

有些乡村教师做完课题研究后，不知该用何种文体来结题。例如，将学术论文与经验总结报告混淆；将学术论文与宣传论文混淆；将实验报告与调查报告混淆。

（二）题文不符

教育研究成果的标题所涉及并重点研究的核心概念与论文的内容出现了南辕北辙、风马牛不相及的现象。

1. 头大肚子小或头小肚子大

教育研究成果的标题所涵盖的研究范围大于或小于成果内容所涉及的研究范围，从而导致头大肚子小或头小肚子大现象的发生。

2. 写作不规范，格式混乱

无论是哪种文体的成果表述，在写作的规范性上都是有一定要求的。出现问题较多的是脚注、尾注、夹注混用；注释和参考文献不规范，并相互代替。

四、如何撰写科研论文

（一）在确保科学性的基础上有所创新

论文的创新必须以科学性为保障和前提。要把握科学性，需要做到以下几点：①在立论上不能带有任何个人的好恶和偏见，更不能主观臆断，论文内容要实事求是，从实际出发，分析、论断都要恰如其分，正确反映客观规律，防止片面化和绝对化；②在论据上要尽可能多地使用精确可靠的数据资料，以真实、有力的事实材料作为立论的依据，对各种概念、数据和引文都要进行认真核实，正确理解其内涵和外延，切不可望文生义，妄加解释；

③在论证上要做周密考虑，由此及彼、环环相扣地展开论证，使全篇内容严谨而富有逻辑性；④理论观点表述要准确、系统、完整。观点和材料要具有一致性。要证明自己的观点就必须从客观存在的事实出发，用严密的逻辑论证来阐述问题并引出正确的结论，这就要求我们对所获得的大量材料进行去粗取精、去伪存真、由此及彼、由表及里的提炼和加工。

（二）在独立思考的基础上借鉴吸收

我们必须正确处理吸收、借鉴他人研究成果与自己独立思考的关系，避免出现两种情况：①研究者自恃高傲，闭门造车，无视前人与他人在此领域里所取得的研究成果；②大段甚至是整节或整章地引用参考文献及其观点，只述不评，或者对原文献观点随意引申发挥。

（三）语言文字精练简洁，表达准确完整

论文的语言应努力做到：①准确，即客观地反映现实，切忌浮华夸张。既不可以用日常生活用语代替科学术语，也不可另造词语，以免造成理解上的歧义；②鲜明，即要点、要义或要据要清楚明白，不能含糊其词，模棱两可，要注意词语的精确性、单义性、稳定性，避免使用夸张、双关、借代等容易引起歧解的修辞手法；③生动，即不要生硬地宣讲道理，要在科学、准确的基础上讲求文采，以更少的文字表达更多的内容。

总之，乡村教师要面向实践，研究自己身边的问题，研究真问题，提高研究的实效性。而要做到这些，就要培养问题意识，同时还要加强学习和创新，让学习引领教学科研，让创新丰富教学科研，处理好教学和科研的关系，让研究落实于日常教学，服务于日常教学。

二　教师课题实验研究

乡村学校是指行政区划上隶属于县级以下乡镇（不含城区范围内的乡镇或街道办事处）管辖的学校。2016年以来，贵州省1000多个省级乡村名师工作室相继成立，为广大的乡村教师搭建了平台。由于各种主客观条件的限制，乡村学校教师无论在教育教学方面还是在教育科研方面，整体上都比城区教师弱一些。贵州省省级乡村名师工作室成立的初衷，就是要通过名师工作室的示范引领和带动作用，逐步实现城乡间教育的协调发展。

实验课题的确定与一般研究课题的确定有相似之处，在课题的来源、课题的范围等方面基本相同，但作为实验研究的课题也有一些特殊的要求。本文拟从乡村学校教师课题实验研究的视角，探究基于乡村名师工作室引领的乡村学校教师课题实验研究实践，对教育实验课题进行简单探索。

一、教育实验课题的确定

怎样选择教育实验课题，这是乡村教师经常问到的一个问题。乡村学校教师大都怀有教育实验的热切愿望，但因找不到适当题目而踌躇，总希望别人给个题目然后他们去实验。这说明大多数乡村教师还没走进科学研究的大门，还缺乏课题意识及选题方法。

（一）教育实验课题一定要具有较高价值

教育实验研究课题一般都要经过周密的规划设计和组织安排，研究的时间和周期相对来说比较长。因此，我们在选择和研究课题时，首先要确定其在理论和教育实践应用上有重要的学术意义，有较高的前瞻性学术理论研究价值和实用价值。如“希沃白板 5 在农村小学语文教学中的应用研究”，这一课题对小学语文教学改革和教学理论的发展起到重要作用，具有重要的理论意义和实践意义。在乡村小学语文教育改革实践中，有许多有价值的问题可以用实验的方法研究，如怎样上好群文阅读、口语交际课等。

（二）教育实验课题一定要具有可行性

进行一项系统的、科学的实验研究，需要具备多方面条件，包括理论上的指导、实验教师队伍、学校的内部与外部条件等。不具备必要的条件，实验研究的措施就得不到落实，就不可能达到预期的效果。如乡村小学语文改革实验的设计与实施，就需要具备方方面面的条件，理论上的指导、原有的实验基础、实验教师的状况等。只有具备了进行某项实验研究的条件，才能选择相应的实验研究课题，且选定的实验研究课题应当与研究者或研究学校本身的条件相符合，不能只考虑实验课题自身的价值，要综合考虑多种因素。

（三）教育实验课题一定要有明确的实验假设

假设是对于实验研究的问题中各种变量之间的因果关系的一种表述，研究者在选择和确定实验研究课题时，首先考虑的是要明确这些实验研究的重要性和假设之处，明确这些实验研究过程中的因果关系改变了哪些因素，进而明确对于哪些因素的变化和结果产生了影响。在进行实验设计时要将这些实验研究问题都表述清楚。如“创造性思维与个性教学模式的实验研究”，这一实验研究课题设计者提出的实验研究假设和目标是：使用十种教学方法（矛盾法、发散与集中法、定势打破法等）构成的创造性思维与个性教学模式，在培养和发展学生的创造性思维和个性品质方面，比常规的教学方式方法效果好。这一实验研究假设比较明确地阐述了创造性课题实验研究的重要性和目标所在，明确了各种变量之间的重要性和因果关系。创造性课题的实验研究假设如果不明确，就可能会导致实验研究结果出现很大的错误和盲目性。

二、课题实验设计

课题实验设计一般泛指教育实验科学研究中的实验设计方式。是采取简单随机的抽样设计还是其他的随机抽样设计方式，是采用单组的实验设计还是等组的实验设计，是采用只有前测验的设计方法还是前后测验的设计，等等。这些问题都是要解答的。不同的实验设计和方法产生的实验研究效果会不同。因此在设计良好的教育实验科学研究时，需要全面地考虑实验各方面的因素，确定恰当的设计方案。课题实验设计对于实验成功至关重要。首先，课题实验设计必须能够有效地保证教育实验的工作沿着教育实验科学技术研究的正确轨道稳步进行，实验过程中的种种行为都必须具有一定的自觉性，如：有一定目的地从实践中搜集一些验证理论和假说所需的资料和必要的数据，通过自变量的统计和分析，得出自变量与因变量之间的有效关系和结论，实现教育实验设计的科学研究目的。其次，实验设计如果很好，利用较少的时间、精力、物力就能获得较大的实验效果；相反，如果设计不好，则需重复多次，甚至扩大实验范围，也未必能取得好效果。一项有生命力的实验不在其实验次数之多、时间之久、范围之大，而在于实验设计科学和理论基础扎实。

大多数乡村学校的教师对课题的实验设计常采用三种类型。

（一）未作均等的处理，有前后测的设计

是指教师在选定自己的实验班与其他对照班时，没有对对照班进行均等

的学业成绩分配，使得实验班与其他对照班在比较学业成绩、男女生数量等方面不完全相等，但在实验前后又与对照班有均等的测验，也使得教师能从对照班测验的成绩看出其实际效果。

（二）均等的处理，有前后测的设计

这比前一种设计明显优越了，因在进行实验前，实验班与其他对照班在比较学业成绩、男女生数量等方面基本保持相等，从而大大提高了科学实验效度。

（三）未进行均等分配的处理，科学实验无法进行前测实验设计

科学实验开始时，既没有进行均等的分配，也没有进行前测，只在科学实验的某一个阶段或实验结束时进行了后测，这种形式的实验设计的实验效度显然是最低的。如果明确了科学实验设计的重要性和类型，接下来就可以着手研究制定科学实验研究方案。一个完整的科学实验设计研究制定方案的内容应该主要包括：实验问题的研究与提出、实验的理论基础和指导思想、实验的对象和研究方法、自变量与因变量的作用及其操纵、实验的过程及其具体步骤、实验的具体组织及其领导等六个基本方面。在具体的研究制定方案的过程中，在表述上可以对问题进行适当的整合与调整。

三、资料的收集、整理和分析

课题实验实施以后，验证假说的工作便开始了，验证的手段主要是观察和测验。观察的目的在于审视自变量所引起的变化，收集积累实证资料，用以说明自变量与因变量的因果关系。一些乡村教师恰恰忽略了这一点，他们只依靠测验，甚至终结性测验只用分数说明实验效果，这是片面的。须知，实验效果不仅仅反映在分数上，实验的评价不单是终结评价，更重要的是过程评价。通

过观察可以收集实验反映的全部情况，可以收集发展变化方面的情况，这些对验证假说无疑是重要的。测验的目的与观察的目的是相同的，只是侧重点不同而已。

及时地将观察和测验的资料收集起来的作用是不可忽视的，一些观察和实验的主持人由于缺乏这种意识，使得在实验过程中所需要反映和表现出的宝贵实验情况杳不可寻，等到要用时不可追及。测验的资料不难收集，观察资料的整理和收集则需要下一番功夫。无论是写有关实验的随笔，做有关观察资料的日记，还是课后将实验过程中学生的答问内容全部追记下来，将实验中学生的反应情况描述出来，这些都是有效方法。收集的实验资料日益增多，这时候就需要加以整理。整理资料的指导思想和目的同样也是为了观察和验证假说，只有对那些验证假说有用的实验资料才可以收集整理，那些对验证假说无用的便可搁置一旁。整理资料的方法经过一定时间的实验，已使学生积累了相当丰富的知识和经验，尤其通过对实验资料的收集和成果的展览，使学生将观察和实验的资料活用了起来。整理实验资料的主要途径和方法之一就是进行分类和归档，分类的资料可以依据课题的特点和验证假说需要而定，可以按时间的顺序将资料划分成课前准备观察阶段、实施阶段和总结实验成果评价三个阶段，也就是学生可以直接按专题的横向资料进行分类。资料只是提供了客观事实和情况，并不能准确显示和推导出理论中所求的规律结论，为了探求自变量与因变量的有效关系和结论，还需对大量的资料进行分析性的研究，挖掘出隐藏在大量资料背后的规律。

在用数据分析参考资料方面，工作室的教师和专家也积累了不少的经验，比如绘制标准值的统计图表、计算标准值的算术加权平均数和计算加权标准差的平均数、计算标准差、进行加权平均数和标准差异的显著性检验，或用定性化的分数段落等办法准确地反映考试成绩的分布等，这些都被认为是量化考试数据的有效手段和方法，与此同时，重视定性量化分析。

四、课题实验的控制

课题实验的研究者如果要从理论上保证实验结果得出的课题实验结论正确，就要对所研究的课题实验结果给出一个合乎逻辑的结论和证明。对课题实验结果研究的过程进行有效的因果控制是达到这一目的的保证。实验结果研究过程中的因果控制问题就是研究者运用各种方法有效地限制或减少无关变量对因变量的直接影响，使得实验研究的结果在理论和逻辑上得到充分证明，从逻辑上证明两个变量之间存在共变的因果关系，并在变量和时间的顺序上证明是合理的。课题实验研究者要从理论上保证课题实验结果具有更高的理论可信度，要更充分证明实验中各变量之间存在的因果关系，就必须从理论上解决好实验过程中的控制和无关变量问题。有效的因果控制问题是准确地探索实验中各变量之间存在因果关系的一个重要保证。教育课题实验研究的根本目的就是研究者要准确探寻变量之间的因果关系，在研究和分析课题实验研究结果时，研究者只有对有可能影响实验研究结果的无关变量进行有效的因果控制，才能在理论上充分证明变量之间的因果关系是否存在，充分说明因变量的存在和变化因果关系是否真的是由自身或其他变量的变化直接引起的。同时，有效的影响和控制也是保证和提高实验研究效度的重要手段和基础。实验科学研究的实际效度一般是用实验的研究内效度和研究外效度的关系来进行衡量的，研究者也应更加着力于提高和控制实验的研究内效度和研究外效度。影响和控制实验的研究内效度和研究外效度的因素很多，只有通过提高有效的影响和控制，才能最大程度地保证提高和控制实验的可靠性和研究的有效性。

实验的研究内效度一般是指因变量所产生的变化受实验中其他变量影响的程度，外效度则是指一项实验研究得到的实验结果能够广泛应用于其他实验场合的应用程度。一项实验的研究所涉及的影响因素很多，影响一项实验效度的因素也很多，必须深入地研究一项实验的内效度和外效度，才能更好地使我们在实验内效度的研究上收到好的实验效果。影响实验内效度的因素主要有：偶然事件、成熟程度测验、测量的手段、统计的回归、取样的偏差、样本的流失率、竞赛效应、实验研究方法的扩散等。影响实验外效度的因素主要有：对实验成熟程度的客观描述、样本的客观代表性、实验者的主观因素、客观效应、时间的客观因素、因变量的测量等。

五、课题实验的评价

课题目标和实验在某一个阶段或过程终结时都应该对目标进行实验评价，课题目标和实验的评价工作是社会科学课题研究实验工作开展过程中不可缺少的内容和环节，它的功能和意义主要在于对课题实验的过程、实验的结果作出有科学价值的判断，对课题实验的工作继续深入开展起到指导、调节作用，对课题实验研究成果的鉴定和推广也作出鉴定和指导意见。课题实验评价的基本内容和环节主要是课题实验的目标、实验的过程、实验的结果。

课题实验评价的基本原则和方法主要是自我评价和他人评价。自我评价即课题实验的主持人通过组织本实验单位及其有关人员对课题实验结果进行自我分析判断，其主要目的是充分了解实验目标的达成度，鉴定实验的效果。他人评价即由课题实验主持单位以外的其他有关学术专家或者教育部门的领导等工作人员组成的实验主持人评价领导小组或实验评价结果鉴定委员会，对课题实验主持单位的实验进行检测、调查，分析实验资料，经教师与研究人员讨论后决定作出的评价和鉴定结论。对实验的评价必须客观、全面、科学。客观评价充分体现了教育科学技术研究应当具备的实事求是的态度，不论自评还是他人评价，都应该注意有效地防止实验评价渗入主观和情感的因素，而以客观的数据和定性实验资料等作为评价依凭，对课题实验结果作出更加切合实际的评价和鉴定。全面的评价要充分运用多种评价类型，如诊断性的评价、形成性的评价、终结性的评价。他人评价的内容不能只限于一个方面，如对学生的评价，不能只看其学业成绩，还要仔细地看其学习的能力、思想品德、个性特长、身心发展等。注意使用多种评价工具，如测试、调查、问卷、访谈、观察记录、声像制品等。

总之，从县域的视角看，乡村教师在课题实验研究中，在科学选题、实验假说的演绎与陈述、实验设计及其方案的研制、实验观测及其资料的收集整理和分析、实验结果的评价等方面，还存在诸多不尽如人意的地方，但无论如何，老师们积极参与课题实验研究的精神难能可贵。课题实验研究的基本框架大家是掌握了的，相信经过工作室专家的引领指导以及老师们的不懈努力，乡村教师的教育科研能力与水平一定会大幅提升。

三　教师论文写作实践

新课程改革，对乡村教师的要求不断提高，乡村一线教师不仅要有精湛的教育教学能力，还要在实践过程中不断反思、善于总结。因此，撰写教研论文已成为广大乡村教师所应具备的能力，它不仅是新课程实施的需要，也是乡村教师职业在专业发展特定阶段的需要。

教科研论文是乡村教师教科研成果的主要表达形式，是乡村教师之间交流和分享研究成果的主要文本。在教育科研的实践中，乡村教师不仅要掌握一定的教科研方法，重视教科研的过程，更要注重结果的表达，掌握教科研论文写作的技巧。

无论是教育还是教学，作为乡村教师的我们，每天都在反思，在反思中，我们不断解决存在的问题，并总结出了成功的经验，最后把它整理出来就形成了一篇教研文章。乡村教师教科研论文的写作，是他们进行教学反思的主要形式，在将零碎的经验付诸文字的同时，乡村教师也升华了经验，为自己以后更好地教书育人奠定了宝贵的基础。

一位好的乡村教师，不仅要有娴熟的教学技巧，精通所教学科，还应该在教育科研上不断创新，超越自我，在成就学生的同时，也成就自己。不少乡村教师有宝贵的教育教学经验，但是因诸多原因不能将其付诸文字、发扬光大。

一、论文写作存在的问题

（一）偷梁换柱

很多乡村教师写论文就是为了评职称或完成学校规定的任务，他们对教科研压根就没有兴趣，没有认真思考如何写好论文，只是东抄西拼应付了事，于是就大量借鉴摘抄，东拼西凑形成所谓的“论文”。在科技迅猛发展的今天，要获得相应的资源易如反掌，教师们只要打开浏览器，输入关键字，就能找到一大堆类似的文章，他们只需东抄一点，西抄一点，再加上一点自己编连的文字就形成了一篇“文章”。

（二）论文题目过大或过小

一个好的题目能很好地概括文章的思想。它表明了作者研究的主要目的、内容和对象，而且还界定了研究的范围、思路和方法。很多乡村教师撰写论文时，拟定题目或多或少地存在以下问题：①题目太大。如《基于核心素养的课堂教学改进实践研究》所要讨论的问题靠简简单单的两三千字是不可能叙述清楚的。②题目太小。如《浅谈农村三年级孩子的写作能力》《浅议小学语文教学论文》，这样的文章只能讨论某个细节，价值不大。

（三）立意不深

很多乡村教师撰写的论文只是教学反思、教学随笔、教学总结，没有更高层次理解、深挖。他们阐述的都是大家知道的教学方法、学习方法等。

（四）理论不当

很多乡村教师对教科研的认识不够深刻、准确，导致不能科学地把理论与实践有机结合起来，使其二者处于分裂状态。

（五）内容不生动具体

很多乡村教师不能够把自己在教学实践中的案例很好地阐述出来，泛泛而谈，如《如何有效导入新课》，大多数教师就只能说出导入的方法有哪些，却没有举出案例来。这样既不生动也不具体，空而淡，让人乏味。

（六）格式不符合规范

很多乡村教师的论文缺少内容摘要、关键词、注释或参考文献等。

众所周知，论文题目的敲定、内容的选取、材料的收集等工作，都会影响到一篇论文的质量，这就需要教师用心去做。在教科研工作中，写好教科研论文，注意优化教科研结果的表述，是教师对教科研工作“善始善终”的最好表现，是教师踏实、勤奋精神的最好表现。

二、写作时要把握三个点

（一）“小而新”

“小”是指论文题目宜小不宜大。一般来说，题目小一点，中心反而更容易突出，也就容易写得深写得透。“新”是教科研论文的生命力所在。敏锐地发现新问题，选择新角度，运用新观点，提出新结论，使论文写作真正做到与时俱进、常写常新。不能老话套话一大堆，没有一点新意，否则论文就谈不上任何指导意义。

（二）“明而实”

“明”既要求论文的中心明确，又要求论文的题目简洁明了。“实”即论文论据要充分扎实，引经据典要实事求是，分析问题要环环相扣，切忌东拼西凑，胡乱成篇。

（三）“深而精”

“深”即论文要以理服人。这就要求论文的分析要全面，挖掘要深刻，说理要透彻。“精”是指文章举例要精当，引言写作要精练，遣词造句要精彩。切不可连篇累牍，走进“观点 + 例子”的窠臼，那样就会贪小失大。

三、教科研论文撰写的步骤

从撰写研究论文的全过程看，完成一篇研究论文大致要经历以下一些步骤：

（一）确定题目

确定了题目之后，写作范围也就确定了，写作的方向也就明了了。大多数乡村教师在选择题目时，除了从课题研究本身的内容考虑外，还应从自身和读者的知识水平、兴趣、专业角度考虑。这样所选题目就有较多的文献资料可供参考，把理论和实践结合起来，就更加接地气，更有价值，读者在阅读时也不会觉得乏味。在选择题目时，我们应该遵循以下原则：

第一，题目不能过大。题目过大涉及的范围就会过广，对于很多乡村教师来说，难以把握，我们从小一点的题目入手，比较好收集素材，立意清晰，易于创新。

第二，观点要新。新课程改革要求创新，只有这样才能促进教育教学的发展。当然论文写作也要新，见人之未见，想人之未想，即使是老生常谈，也要做到“旧瓶装新酒”。

第三，选取题材时要从自己熟悉的方面入手，避开自己不擅长的，扬长避短。

（二）制定方案

方案的制定取决于研究的性质、目的，取决于论文的要求。方案通常需要回答以下问题：研究什么？为什么研究？需要参阅哪些文献资料？如何开展研究？采用哪些方式方法？研究结果有何新意？存在哪些局限性？

（三）收集资料

收集资料有很多方式：一是可以通过网络查阅中外其他学者的研究成果，即文献检索；二是通过调查、观察、实验等方法收集当前的研究数据和事实。

收集资料时我们必须考虑以下几方面：①根据自己撰写的论文内容收集相关资料；②到各大图书馆和数字图书馆、数据库查阅；③获取资料的方法；④获得资料之后，我们要根据自己的需求进行加工处理。

（四）组织素材

在明确写作的主题、主要观点之后，接下来要考虑的是论文的基本思路、论文素材的组织、论文的框架结构。组织素材实际上就是对初选的材料进行加工提炼，使材料条理化、序列化，更符合写作的要求。为了使研究论文中心突出、层次清晰、逻辑严密，通常要求在动笔写初稿之前拟订一篇论文提纲。

（五）撰写初稿

明确了论文的主题、方向、范围，又收集了大量的相关素材，对中外其他人的观点、理论进行了分析、对比并提炼出了自己所需要的理论支撑，就可以开始撰写初稿了。

撰写初稿时需注意以下几个方面：

①写作要在精力充沛、有灵感的时候进行；

②初稿最好一气呵成，不必拘泥于细节，应集中表达思想；

③要围绕文章的中心和主题展开，不要东拼西凑；

④在撰写论文时，最好拟定一个思维导图；

⑤要从全局出发，统筹安排，各部分之间要有逻辑联系；

⑥要以中心论点决定材料的取舍；

⑦把理论与自身的实践结合起来。

（六）修改定稿

很多乡村教师在写完论文之后，就急于修改。其实我们大家都明白，那时候的思维被固定了，如果急于修改的话，效果不是很好，意义也不是很大。反之，在初稿完成以后，不急于修改，间隔数日，再去重读，会使我们从初稿的思维定式中解脱出来，能比较客观地去重新审视初稿。定稿时，必须通盘考虑研究论文的所有细节，必要时我们可以毫不犹豫地重写某些部分。如果我们对自己修改后的论文还不满意的话，可以请专家或同行帮助，让他们对论文的内容、结构、文字表述等方面提出意见和建议，以便充实和修改。

此外，还需考虑以下内容：

1. 控制篇幅

篇幅是文章的空间限定。一般期刊对研究论文的字数要求是5000字左右。

2. 修正论点

论点是研究论文的核心，决定着论文的水平和价值。因此，修改论文要从审定中心论点入手，看论点是否成立，是否集中深刻，是否得到验证，表达是否准确，排列是否科学，论点之间的关系是否合乎逻辑。

3. 调整结构

论文结构是内容的组织框架，是研究者研究思路的表现形式。调整论文的结构就是对组成论文各部分内容的顺序进行考察，看结构是否完整、合理，各要素是否齐备，论证层次展开是否清楚，各部分的过渡、衔接是否合理、自然。

4. 增删材料

材料是论点得以成立的基础，研究论文要求材料与论点的和谐统一，因此，如何选择材料和运用材料就显得至关重要。增删材料的基本要求：所用材料能证明观点和主题；采纳的材料要真实可靠；材料的引用要恰如其分；选择的材料要有典型性和代表性；运用的材料要有时代性。当材料与论点联系不紧密时，要能忍痛割爱。

5. 推敲语言

推敲语言是对论文语言文字的加工锤炼。语言文字精炼与否，直接决定论文内容的表达是否流畅。语言文字的修改主要集中在文字使用的准确性和文字表达的可读性方面。

6. 核对注释

注释是所引资料的来源和出处，是论文的有机组成部分，是论文科学价值的重要标志。修改时，一定要对照原文核对注释，以免出现遗漏或错误。

我们必须注意的是一篇完整的研究论文必须包括八部分内容：标题、作者姓名和单位、摘要、关键词、引言、正文、结论、参考文献。

总之，乡村教师在写作教研论文时要克服畏难心理，留心自身的教育生活，注意收集典型素材，在教育理论指导下，结合宣传教育的现状，提出问题，认真进行分析，让问题得以解决或者有一个较为成熟的思考，这样才会写出好文章来。

四 语言表达能力提升实践

表达能力又叫表现能力或显示能力，是指一个人把自己的思想、情感、想法和意图等，用语言、文字、图形、表情和动作等清晰明确地表达出来，易于让他人理解、体会和掌握。教师的表达能力是教师的心理素质之一，是教师引导学生学习的重要手段。在教师的语言中，会隐藏着许多智慧。教师的表达能力是乡村教师从事教育、教学、研究工作，引导学生学习知识和技能的必备条件。教师的表达能力主要是语言表达能力，教师的课堂语言表达直接影响着学生的学习。生动形象的语言，能够激发学生的学习兴趣；抑扬顿挫的语调，可以吸引学生的注意力，有的教师的课堂语言贫乏，让学生有一种排斥这位教师的感觉，觉得这个教师的知识不渊博；有的教师的课堂拖泥带水，学生不知道教学内容中哪些是重点、哪些是难点；有的教师说话就像放连环炮，没有留给学生思考的时间和空间；而有的教师的课堂语言又过于高亢，导致学生一节课中都很紧张，头脑发胀；还有的教师的课堂语言过于低沉，就像催眠曲，让学生昏昏欲睡。

有一次，工作室去送课下乡，有一位男教师执教的是六年级语文《桥》一文，一课时40分钟的内容，他整整上了65分钟。这位教师的教学方法很新颖，有他的特色，他运用的是希沃白板，学生对这些新事物特别感兴趣，他的课件里有讲解桥的知识的微课、精彩动人的视频和触人心弦的音乐。可是，他一开口，就让在场的教师头疼。他为了营造气氛，语言过于低沉，这让坐在录播室后面听课的老师听课困难，就连坐在教室里的学生也很吃力；还有就是他的语言过于啰唆，学生理解起来有很大的困难。教师录播室里过于闷热，这位教师专注于上课，居然没有发现有几位学生已经睡着了。

良好的语言表达能力，不是三两天就能练好的，而是教师在长期的课堂教学实践中，不断修炼出来的。

众所周知，一个好的演讲者能轻而易举地打动你；一个好的推销员，能让你忍不住想要掏腰包；一个好的律师，能让你忍不住对他肃然起敬。不难看出，这些人的表达能力很强。所以，他们能在自己的领域成为领头羊，他们的言行举止，都能打动人心。作为小学语文教师的我们，更应该提高自己的表达能力。教师是传播文明的使者，语言表达能力是教师表达能力的特殊工具。教师要把书本知识、教学信息、自己的思想和教学要求传授给学生，主要通过语言表达。可见，语言表达能力对于一个教师来说极其重要。

教学效果的好坏，在很大程度上依赖于教师的语言表达能力的强弱。教学过程是一种特殊的认知过程，学生通过教师的语言系统地把握，透彻地理解书本知识。教师只有通过一定的技巧，才能把书本上比较难的、“死”的书面语言转化为学生易于接受的、直观的、生动的、有趣的教学语言。教师只有通过语言，才能让学生把所学勾画成一幅图画，帮助学生形成一个清晰的概念，从而顺利地把形象思维转化为抽象思维。

一个成功的小学语文教师，会用富有表情的语言来感染学生，所谓以声传情，以言动心，就是这个意思。例如六年级语文《卖火柴的小女孩》一文，如果光靠课本上的文字，学生只会觉得小女孩很可怜，但不会为小女孩的悲惨命运难过。但是，笔者工作室的一位教师在上这堂课时，恰如其分地进行了富有感情色彩的讲述，加上教师精湛的演技，全班同学都用心去体会小女孩的不幸。教师的语言魅力，打动了在场的每一个教师和学生，让所有人都潸然泪下。她让学生得到了一次心灵的洗礼，这就是语言的神奇魅力。这节课引起了学生的共鸣，收到了以情悟文、以情感人的效果，她以形象而逼真的描绘，用轻重缓急的语调，叙述了小女孩的不幸，使小女孩这一形象栩栩如生，活灵活现。

教师的语言表达能力直接影响着学生的学习兴趣和思维活动。我们说，一堂成功的课主要的精彩在于学生。在这样的课堂上学生的学习欲望很强，因为教师的语言表达，激发了学生学习的兴趣，吸引了学生的注意，能引导学生积极思考。要打造优质课堂和高效课堂，就是要让课堂充满活力、生命力。因此，教师的语言表达能力至关重要。

语言表达能力好的教师，能成为学生模仿的榜样。我们经常开玩笑说："只要一看这个学生的一言一行，就知道他的老师是谁。"因此，只要学生把你当成他们的"偶像"，他们就会有意无意地模仿你的语言。教师在教学时，要引导学生正确发言、正确遣词造句、正确使用语法规则，让学生在模仿的过程中，掌握正确的方法和技巧。那么，我们如何提高自己的语言表达能力呢?

一、加强理论知识学习

现在，有一部分乡村教师由于工作累、平台少，忽略了自己的理论学习。但是，作为教师，只有不断加强理论学习，才能扩展自己的知识范围，只有及时更新知识，才能跟上教育发展的需求，提高自己的教学水平。

理论让我们快速成长起来。小时候，我们只能从一个人的表面判断他的好坏，随着知识的增多，我们可以从人的内在去判断。这时，我们看事情的角度就不同了。

要想给学生一碗水，自己就必须有一桶水。笔者工作室里有一位刚工作两年的女老师，她工作很认真，但她所任课的班级课堂氛围死气沉沉，这位教师很困惑。在和她的交谈中，笔者得知她担任的是六年级的语文教学工作，她平时学习理论知识的时间很少，这导致她的语言表达能力较弱。笔者经常跟她开玩笑说："你看，我肚子里装的满是肥肠，所以我要减肥，以后如果我再胖起来，我希望装的是知识，因为有了理论的支撑，在课堂上和学生交流时，才能信手拈来，才能有话可说。"从那以后，她经常到工作室看书，认真做笔记，并用理论指导实践，解决教学中出现的问题。由于"肚子里装满了货"，她的表达能力越来越强，学生们都积极地、主动地参与到教学活动中去，她班的成绩也逐渐上升。在全县组织的优质课大赛中，这位教师以独特的语言魅力，吸引了学生的眼球，学生的学习兴趣极高，在轻松、愉快的氛围中，学生掌握了这节课的知识。

因此，加强对理论知识的学习，可以提高我们的语言表达能力。

二、多参加教研活动，多和其他同事交流沟通

工作室每次开展活动后，都有一个评课、议课环节。这个时候，你会看到一个现象：教师们都拼命地往后坐，现场鸦雀无声。于是，笔者就做了一个调查。在调查中，很多教师的回答都是不敢开口，怕说错话，自己的表达能力有限，评课不到位。这些教师的顾虑很正常。评课需要有一定的方法和技巧，要让执教者在评价中感受到成功的喜悦和存在的不足，改进方法，从而提高自己的课堂教学能力。其实，每一个教师都有一个成长的过程。面对工作室里这么多优秀的名师和骨干教师，在评课中，会倍感压力，因为那些

名师、骨干教师见多识广，经验丰富，出口成章。他们的这些技能，都非一日之功，也不是天生就具备的，是在长期的学习中沉淀而来的。

笔者工作室里的老师说："只要我们敢开口评课，我们就成功迈出了一大步。"在工作室的研讨活动中，笔者要求教师们畅所欲言，大胆地发表自己的意见和建议。在不知不觉中，很多教师的语言表达能力提高了。

每次邀请专家给乡村教师进行培训时，笔者都会让工作室的教师轮流主持、总结，久而久之，这些教师的语言表达能力又更上了一层楼。

平时，在教研活动中，为了帮助教师备课、磨课，工作室里的教师们都会各抒己见，不断和其他教师交流、沟通，讨论出最佳的方法。

其实，积极参加教研活动，和同事多交流、沟通，可以不断提升自己的课堂教学能力，成就别人的同时也成就了自己。

三、多参加优质课比赛、说课比赛、演讲比赛

教师在特定的语言环境中，表达能力会提高得更快。在优质课比赛中，教师的语言表达要求简洁明了，有逻辑、有条理，教师的应变能力要强，要善于引导，调动学生学习的兴趣。要善于总结，评价语言要生动，形式多样。

说课比赛则要求教师清清楚楚、有条不紊地表达出自己的教学理念、教学方法、教学过程及反思。教师在说课时，语言组织能力要强。演讲比赛对教师的语言表达能力要求会更高。它要求教师能够做到声情并茂、以理服人、以事感人、以情动人。

在工作室里，笔者发现，有的教师社交能力很强，口才很好，这些教师都会有共同的特点：爱读书，喜欢参加优质课比赛、说课比赛和演讲比赛。通过参加这些比赛，他们的语言表达能力不断得到提高。

四、工作室辩论活动

为了提高工作室的教师的语言表达能力，每个星期五晚上七点至九点，笔者都会抛出一个话题，把教师们分成正方和反方，以辩论的形式进行，如：多媒体教学是否能代替教师的三笔两画。教师们通过唇枪舌剑、各抒己见，提出了许多不同深度的观点，擦出了火花，碰撞出新的方法。这样的辩论，既解决了教师们在教学中出现的问题，又提高了自己的语言表达能力，何乐而不为呢？

五 乡村教师责任感培养

2014年9月，笔者到距离镇区四十多公里的一个偏远乡村学校支教。这所学校坐落在悬崖下面，交通极其不便，每周只能搭别人的便车去镇上买一个星期的菜。这里手机信号全无，基本上与世隔绝。这所学校一共有四名教师，其中，有一位女教师让笔者震撼。她很平凡，她做出的事情却不平凡。她班上一共有12人，有6个孩子来自单亲家庭，有2个孩子的父母早已离世，随年迈的爷爷奶奶一同生活，剩下的4个孩子都是留守儿童。学生们住的地方离学校都很远，从家到学校大概需要2—3小时，每天早晨，这位年轻的女教师早早就起来，为他们煮上一碗热腾腾的面条，守在学校门口，迎接这些孩子，还给那些小女孩梳小辫。中午的时间很长，这位女老师却没有睡午觉，她坐在教室里，认真地辅导孩子们做作业，差不多到13时20分的时候，她就会带着孩子们到操场上玩游戏。放学时,她又站在校门口为每一个孩子送行，并叮嘱他们路上小心。日复一日，年复一年，这位教师从未间断过，孩子们都管她叫“妈妈”。人们都说：“爱自己的孩子是人，爱别人的孩子是神。”这位平凡的乡村教师用她的实际行动、用她的爱去打动每一个孩子，让这些山里的孩子在爱的滋润下幸福快乐地成长。所谓“亲其师而信其道”，她的努力没有白费，学生用优异的成绩回报了她。每年在全镇统考中，这个班学生的成绩都名列前茅。

我们在工作中遇到困难时，都会有这样的遐想：“要是有人能够帮助我，那该多好呀！”我们都希望遇见贵人，出现奇迹，学生不也如此吗？他们也希望在入学的那一天，遇到一位好老师。在学生的心目中，老师就像一盏明灯、一座灯塔，指引他们前行。一个好老师影响的是孩子的一生。对于“读书”一词，每个人都有不同的理解，我们伟大的周恩来总理从小就立下了宏伟志向——为中华之崛起而读书。大山里的孩子是为走出大山而读书的。读好书，考上一个名牌大学，得到更高的学历就是人才了吗？答案是否定的，教师这一职业神圣而与众不同，因为教师培养的是人才。社会发展的车轮是不断前进的，而人类对自己的认识往往不足。在这种情况下，教育要不断探索创新，虽然结果难以预料。但是为了教育好农村的孩子，让教育成为最美的遇见，作为乡村教师的我们一直都在艰难地探索前行。在长期的教育实践中，我们认清了自己的教育活动的目标是为社会不断进步、国家日益强大而培养人才。这样的人才需要有知识，更需要有理想，有坚强的意志，有优良的品质。这一切都是需要在学校中奠定基础的，而这正是广大乡村教师的职责所在。

莎士比亚曾经说过：“爱，可以创造奇迹。被摧毁的爱，一旦重新修建好，就比原来更宏伟，更美，更顽强。”我们要全心全意地投入乡村教育工作中去，把爱渗透到孩子心里，这样才能培育他们的爱心。只有爱孩子的教师才能关注他们成长中的每一个细节，才能为他们的每一点微小进步而衷心喜悦，才能感知他们的苦恼和困惑，并且为解决这些问题而费尽自己的心血。

在第 30 个教师节来临之际，习近平总书记发表了题为《做党和人民满意的好老师》的重要讲话，提出了要我们做“四有”“三者”好老师的殷切希望，并深入浅出对做好老师的“四有”标准进行了精准诠释。总书记要求我们做“有理想信念、有道德情操、有扎实学识、有仁爱之心”的好老师，争做教育改革的奋进者、教育扶贫的先行者、学生成长的引导者“三者”好老师。这是对教师职业角色的正确定位，也是对教师追求的深刻解读。

实施乡村振兴战略，是党的十九大作出的重大决策部署，是决胜全面建成小康社会、全面建设社会主义现代化强国的重大历史任务，是新时代“三农”工作的总抓手。而乡村振兴必须大力依靠乡村教育，发展乡村教育需要广大乡村教师持之以恒、扎根山村。

一、把职业当成事业

笔者工作室有一位参加工作才四年的乡村教师，已经连续三年代表市里到省里参加优质课比赛了。记得他刚进工作室的第一年，由于家庭条件优越，没有吃过苦，在教学工作中遇到种种困难时，多次对笔者说：“我不知道教书有什么意义，我那么努力别人却看不见，还恶言恶语地诋毁我，我干不下去了，我想辞职走人了！”当时，笔者也不知所措，因为他不做这份工作，他也可以活得很好。他的性格很古怪，但是他对工作很认真，对学生非常关爱，他把排名倒数的班级带成排名靠前的班级，让笔者不得不佩服，他的教学能力、专业知识都让人折服，认识他的人都称他为“小魏书生”。可以说，他是一块玉，只要稍加打磨，就会成为一块美玉。只要再努力几年，他绝对能成为乡村教师队伍中一颗最闪耀的星。笔者思索了很久，问他：“你才工作了一年，就拿到了省级优质课二等奖，那一瞬间，你在想什么？你的心情怎样？”他沉默了片刻，说：“高兴。”笔者接着问：“你才用了短短半学期的时间，就把全镇倒数第二的班级带成全镇第二，你的心情又怎样呢？”他的脸上慢慢露出了一丝微笑，得意地说：“我的努力没有白费！一个字：爽！”笔者语重心长地对他说：“你没有这份工作，过得都会比我们更好，在我们每个人成长的过程中都会遇到很多不顺心的事情，但是，逃避不是最好的选择，就因为你的这个不成熟的决定，学生会失去一位好老师。你试着给自己定一个更高的目标，朝着这个目标去努力、去奋斗，这样你的人生会更有价值！”他和笔者聊完以后，思考了一段时间，定下了一个目标，他更加努力，他已经不把这份工作看成一份职业，而是当成一种人生的追求。

这位年轻的老师已经豁然开朗，他把这份职业当成事业，努力工作、追逐梦想、实现目标成了他生命中不可缺少的一部分。事业是一种积极的、主动的、创造性的劳动。他积极投身于教育事业，这份荣誉感和使命感会将他之前在工作中遇到的不顺心的事一扫而光。就是因为有了目标和追求，他才有了前进的动力，才会精益求精、开拓性地做出一番成就来。这时候，他才会愿意做、想做，会有强烈的求知、求好欲望。在工作中，他选择了主动开拓、奋发进取，充分发掘自己的潜能，追求自我价值的实现。所以，把职业当工作，往往一事无成；把职业当事业，往往能干出一番惊天动地的成绩。

二、用心灵赢得心灵

现在不论是评优选先，还是评职晋级，都是以考核分来衡量的，当然教师的教学成绩占重要比例。因此，每个教师都希望在分班时，得到一个好的班级。那些全镇倒数的班级，基本没有教师愿意去接。笔者去支教的那一年，接到的就是全镇倒数第一的班级。刚开始的时候笔者觉得很吃力，有时候会觉得束手无策。这个班共有 18 人，语文的平均分在 30 分上下，还有 5 个学生的成绩每次都是 0 分。已经上小学三年级了，没有一个学生能够完整读完一篇课文，没有一个学生能按时完成作业。由于早上走的山路过长，有两个孩子一进教室就会睡觉，笔者感到非常头疼。

面对这些让笔者不知所措的学生，笔者真想放弃。第二周，笔者来到学校，上完第一节课之后，有几个学生就围住了笔者。他们似乎想对笔者说什么，但又不敢说，笔者微笑着问："孩子们，有什么事啊？"他们慢腾腾地从口袋里拿出几个快要腐烂的猕猴桃，塞到笔者手里，并问："老师，您会一直教我们吗？"看到他们真诚、满怀期待的眼神，笔者的心仿佛像被刺了一下，笔者的眼睛模糊了。于是笔者对每个学生的家庭情况、学习情况进行了了解，认真观察每一个孩子，分析他们成绩差的原因。笔者试着走进学生的心灵，在课余时间里和他们在草地上聊天，和他们爬山摘果子，在运动场上玩耍、打球，一起唱歌，一起玩游戏。这个学校没有多媒体设施，笔者带着孩子们制作教具，用小蜜蜂播放器播放朗读，打印了很多彩色的图片，制作了很多生字词语的拼图，根据不同孩子的特点，因材施教，让他们对语文产生兴趣。课堂之外，笔者和孩子们成了好朋友。渐渐地，笔者发觉孩子们都慢慢向笔者敞开心扉，无所不谈，笔者渐渐走进孩子的心里。一年之后，孩子们的进步让笔者欣喜若狂，班上不再有 0 分的情况，没有学生在课堂上睡觉，平均分也提高到 50 分，倒数第一已经成为历史。笔者回原校后，孩子们给笔者写了一封信，其中有一段话让笔者感触颇深："老师，是您让我们喜欢上了学语文，让我们知道只有走出大山，才能改变自己的命运，也会改变大山。"

爱，是教育的前提。但是，对于有待进步的班级来说，这种爱应该是真诚的。换句话说，乡村教师对每个待进生的爱，绝不应该是为了追求某种教育效果而故作姿态，应该是发自内心的，是心灵之间的交流。当我们走进学生的心灵之后，他们就自然而然地把我们当成无话不说的朋友。也许会有教师认为笔者的这些方法太过平常。但是，当笔者真正走进这些大山里孩子的心灵那一刻，笔者是幸福的！当这些孩子把笔者当成朋友后，他们学习的欲望已被点燃，这是笔者取得成功的关键。

三、以身作则，用行动感化学生

魏晋时期文学家、思想家傅玄在《太子少傅箴》一文中写道：“故近朱者赤，近墨者黑；声和则响清，形正则影直。”笔者工作室一位年近52岁的老教师用他的实际行动诠释了这句话。他三十四年如一日，每天总是第一个到校，放学总是最晚一个走，给每个学生批改作业时写的评语都是工工整整的，就像打印出来的。学生的作业都是当天批改，从不拖。他所任课班级的孩子从不迟到，如果不是生病，也从不请假，做的作业干干净净，这些孩子还特别有礼貌，乐于助人……

这位老师在和笔者闲聊时说道：“己所不欲，勿施于人。你拟定再多的班规，也是假的，总有一部分顽劣的学生要去触犯。如果你要去惩罚他，他会觉得不公平，有时反而会变本加厉。所以我要求他们做到的事情，我自己必须先做到，开始会觉得很累，但是时间长了，也就习惯了。看见那些顽劣的孩子‘改邪归正’，把心思放到学习上来，幸福感便会油然而生。我每次和他们谈完话后都会有所悟，有所思。平时，我们都在想用什么方法去提高成绩，如何管好班集体，如何转化待进生，我们总是要求学生要达到这样或那样的目标。我们试着反思一下，我们要求学生做到的，我们自己先做到了吗？农村的孩子大部分是留守儿童，我们扮演的角色不仅是孩子的良师益友，还在一定程度上扮演了他们的父母，我们就像孩子们的一面镜子，我们的言行举止直接影响这些孩子。”叶圣陶老先生在《我怎样当老师》一书中写道：我国自古以来有“言教”和“身教”的说法，还说“身教”胜于“言教”。“身教”就是“以身作则”，教育者自己做出榜样来，让受教育者自动仿效，收到的效果当然比光凭口说深切得多。“榜样的力量是无穷的”，就是这个道理。

因此，我们要把语言化为实际行动，引领乡村的孩子朝正确的方向前行。

四、重视孩子的特长，打开孩子的梦想之门

大多乡村教师在实施班级管理时，选出的班干部都是成绩好的，而忽略了一些有一技之长、成绩却不理想的学生。对于教育者来说，我们不能预测哪些品格能力对学生的用处最大，哪些孩子以后会更有出息，谁能活得更幸福。因此，我们每个乡村教师都要采取探索的态度，重视学生全方面能力的培养，大力推进素质教育。

现在，不少的乡村学校都成立了许多兴趣小组，如音乐、美术、体育、诗歌、普通话、奥数等兴趣小组，让学生根据自己的实际情况，进行选择。兴趣小组活动的开展，为素质教育的提高打下了坚实的基础，有的教师开玩笑说：“同是一个班的孩子，不可能个个都能考上理想的大学，但是有出息的不一定都能考上大学，三百六十行，行行出状元。”

笔者刚工作的那一年，接的是四年级的一个班。本来一开学就要确定班干部的，但是当笔者叫学生们民主投票时，发现选出来的全都是成绩好的。于是笔者宣布这些班干部的试用期为一个月，如果表现好了就继续任用。在这一个月中，笔者认真观察了解了每一个孩子，有三个孩子引起了笔者的注意。一个孩子体育很好，另一个孩子在唱歌跳舞方面很有天赋，而第三个孩子擅长绘画，但他们三个的学习成绩却不太理想。一个月之后，笔者重新选班干部，班长、学习委员不变，但体育委员、文艺委员就换成了这三个孩子，笔者向全班说明笔者换的理由。从那以后，这三个孩子的自信心更强了，都全心全意地为班级服务。第二年，这三个孩子的父母外出务工，把他们带到

了不同的城市，后来笔者和他们也失去了联系。直到2016年笔者走在回家的路上的时候，忽然一辆警车停到了自己面前，笔者连忙后退，心里一惊，心想：我又没做什么坏事。笔者站在原地一动不动，这时，车门开了，一位身材魁梧的警察从车上下来，站在自己面前，向自己深深地鞠了一躬，微笑着说："老师，您要去哪儿，我送您！"笔者细细地打量着他，觉得他很熟悉，但也说不出来，想了好半天，在他的提示下，才记起来。他真切地对笔者说："老师，我本来对自己不抱什么希望了，但是就是因为您在四年级选我当体育委员，让我有了自信，让我有了人生目标。我转学以后，努力学习，虽然没考体校，但也考上了自己更喜欢的警校。"从和他的谈话中，笔者还得知了和他同时一起转学的另外两个学生的情况，他们一个成了职业学校的美术教师，一个成了初中的音乐教师。

很多乡村教师在这一点上都做得很好，他们努力去挖掘每一个农村孩子的潜能，不断探索，让这些农村的孩子们在自己所擅长的那块领域中茁壮成长，越飞越高。

我们遇到一生的挚爱是幸福的，从事教育是幸福的。能够做乡村学生生命中的"贵人"，当他们需要的时候，我们就刚好出现，陪他们走过风风雨雨，才能让教育成为"最美的遇见"。

六 成长型乡村教师的塑造

2016 年 3 月至 2020 年 3 月，贵州省为了大力发展乡村教育，在全省乡村教师中，选出了 1500 名省级乡村名师，成立了 1500 个省级乡村名师工作室，很多乡村学校的教师积极主动地参加了工作室活动。为提高广大乡村教师的课堂教学能力，工作室根据各个乡村学校和教师的实际情况，有针对性地开展培、教、研活动。工作室在科研能力、创新能力、反思能力方面起了示范、引领作用，为教师的专业化发展提供了平台，为改变乡村学校教研活动的模式翻开了新的篇章。乡村名师工作室的成立，让乡村教育泛起了层层大波浪，推动了乡村教育的发展。同时，也让乡村教师肩上的担子变得更重了。他们深刻地认识到：在科技飞速发展的今天，新技术、新理念扑面而来，自己要快速成长，实现专业发展。我们利用省级乡村名师工作室这一平台，与特级教师、专家、名师交流学习，以促进自己的职业成长。如果永远不开始与工作室中的小学语文教师一同分享你的热情，那么就一定会错过很多让你成长的机会。

成为一名成长型教师是一种理念，一个成长型教师更倾向于采纳或实践一种理念。广大乡村教师可以通过培、教、研活动与专家、特级教师、名师面对面沟通、交流，解决自己的困惑与问题。我们要想成为一名成长型教师，就要先进行成长型学习，我们要冲破自己，与工作室其他优秀的教师合作交流，把自己的收获带回课堂、带回学校。我们要通过持续不断的改进去获得专业上的成长。要想成为成长型教师，就要坚持不懈，努力寻找新资源和新机会，使自己不断成长。实际上，很多乡村教师刚参加工作室时，他们对超越自己的“心理安全区”和与其他成员接触，都会表现出抗拒和排斥的心理。对于原有的更加传统的思维方式、工作模式和交流形式，他们已经应付自如。工作室这一平台会使更多乡村教师变得更加脚踏实地，更加学识渊博，更加精力充沛，也更加高效。那么，我们如何才能成长得更好、更快呢？

一、追求个性化、专业化成长

个性化，顾名思义就是非一般大众化的东西。在大众化的基础上，增加独特另类，拥有自己的持续的需要，独具一格，别开生面的一种说法，打造一种与众不同的效果。所谓“专业化”，是指教师在整个职业生涯中，通过专门训练和终身学习，逐步习得教育专业的知识与技能，并在专业实践中不断提高自身的从教素质，从而成为教育专业工作者的专业成长过程。

在进入工作室学习前，我们首先要知道参加工作室的目的和意义。我们在撰写三年规划时，一定要写清楚自己，真实地叙述自己的实际情况，在进入工作室之后想提升自己哪些方面的能力。很多乡村教师刚进入工作室时，认为工作室里的名师、骨干教师很多，他们的教学方法就是好的方法。因此，在这些刚入工作室的教师身上，就会看到别人的影子。其实，模仿是走向个性化、专业化发展的必经之路。但是，我们要善于把这些好方法加以创新，内化为自己的东西。

笔者工作室里有一位很认真的校长，她刚进工作室时，找不到自己要发展的方向，盲目地参加培训、听课。笔者发现她是难得的好苗子，于是，把她找来谈心，笔者问：“你知道自己有哪些不足吗？”她沉思了一分钟说：“我的教学方法过于陈旧，在上作文课、口语交际课、古诗课时不知从何入手，我也不懂做课题。”

笔者笑了笑说：“很好，既然你这些方面有点弱，以后参加活动的时候你就选择听一些口语交际课、作文课和古诗课，认真做好记录，和执教的老师多沟通、交流。在参加培训时，先把自己在课题方面的困惑和问题记下来，认真听讲座，虚心向专家请教，多买一些相关方面的书籍阅读。”

她若有所思，接着问：“我总觉得别人的方法比我的好。我在教学过程中，不由自主地就把这些名师、骨干教师的方法一成不变地用了，这该怎么办？”

笔者笑着回答：“我刚参加工作的时候，就照着《星级教案》上课。过了一段时间，我就模仿网上的名师上课。后来我经常参加优质课比赛，我再也不能模仿网上的名师上课了，因为没有创新会被扣分的。于是，我买了大量的能提高我专业能力的书籍，认真阅读，让自己肚子里的东西变多一点，然后用学到的理论知识指导自己的实践活动。学到了名师名家的好的教学方法之后，我把这些方法进行提炼、创新，变成我自己的方法。”

她点了点头，微笑着说：“谢谢您！我知道自己该怎么做了。”

从那以后，她开始学习专业知识，并撰写了许多论文，和工作室的名师、专家讨论。她选择性地听课，弥补自己的不足。两年后，在她的身上，别人的影子渐渐变得模糊了。她主动要求上课，请工作室里的其他成员和她一起备课、磨课。她为了上好每一节课，有时磨课的次数高达十多次，发现问题改了又改。她坚持不懈的努力和绝不服输的精神，使她快速成长起来，她总结出了一套自己的教学方法，她有了自己的教学思想。四年后，在贵州省选拔的第五批省级乡村名师中，她成功了。

我们每天都走在成长的路上，在这条漫长的路上，我们在不停地挣扎、徘徊，甚至很多老师不敢迈出第一步，他们害怕自己的专业基础不够扎实，教学能力不够强。其实，只要我们勇敢地迈出第一步，就会有意想不到的收获。

在工作室里，我们可以和专家、名师近距离接触、交流，我们可以和志同道合的老师们一起学习，共同成长。

二、多读书，提高自身内涵和修养

实施新课程，首先要转变观念，而转变观念的过程又是一个不断地用新的理念置换旧的观念的改造过程。郭振有教授说："不读书的一定不是好老师，读书的老师再差差不到哪里，不读书的老师再好好不到哪里。"书读多了，认识自然提高了，实践也有了方向、信心和力量。工作室根据广大乡村教师的实际情况和需求，购买了大量的提高教师优质课堂教学能力、科研能力等方面的书籍。这些古今中外大教育家的教育思想、教育理念，使广大乡村教师的眼界变得开阔起来，为他们的个性化、专业化发展提供强有力的理论基础。教师进行劳动和创造的时间好比一条大河，要靠许多小的溪流来滋养它。苏霍姆林斯基曾经说过：教师时常要读书，平时积累的知识越多，上课就越轻松。

三、在评价中发展自我

在工作室中，教师应正确对待各种评价，将其看作自己了解自身优势、不足和进步情况的大好机会，促使自己在不断的反思中提高自我、发展自我，并将其转化为促进学生和学校共同发展的创造力。

"爱我所爱，做我所做"是幸福的。教师是幸福的，笔者当初选择进工作室，是因为工作室里有很多值得笔者学习的名师、骨干教师。他们的品德、学识、能力、教学艺术、人格魅力使笔者仰慕而追随。我们在搞完活动时，会有一个评课环节，有的教师喜欢听好话，当别人真诚提出他的不足时，他就反驳，这种教师成长的速度会很慢，因为他们压根听不进别人的意见和建议。而虚心接受别人的评价的教师会正视自己的不足，在别人的帮助下，快速找到解决的办法，让自己在专业发展的大路上越走越快。聪明的人在欣赏别人的同时，也在悄悄地提高自己。善于欣赏别人，需要的是情志高洁。欣赏别人的收获，更应该欣赏别人奋斗的足迹。

四、培养高效的人际关系，可以促进教师快速成长

所有的开始都要基于信任，信任的标志就是尊重。在一个信任度很高的工作室里，学员们的成长就会很快，毋庸置疑，信任是人际关系的核心。和谐的人际关系，能够促进我们在工作室里快速成长，俗话说得好："物以类聚，人以群分。"那些能够成功和工作室里的专家、名师、骨干教师保持长期联系，并从他们身上学到东西的老师，身上一定具备这些特质：仁慈、可靠、诚实、开朗等。他们之所以进入笔者的工作室，就源于信任，给自己一个机会，去相信这个团队，会得到意想不到的回报。每周五晚上七点至九点，我们工作室都会播放一节优质课例来针对一个教学上的问题进行研讨，但是很多老师都一言不发，他们担心自己的发言不专业，又怕自己的发言会被别人转到其他 QQ 群、微信群。这就是缺乏信任。一段时间之后，在工作室里其他同事的真诚帮助下，这些老师开始积极参与讨论，因为他们相信，工作室是一个宽容的、愿意给予帮助的、不会对别人品头论足的专业团体，工作室的研讨活动，可以丰富自己的专业知识，为自己带来更大的帮助。只要我们信任工作室，就能在工作室里所有成员的面前，大大方方"亮相"和晒出自己的想法、意见。在工作室里，这种共同尊重和信任的感情一旦建立起来，就会产生积极的影响，这种良性的循环就会持续下去。

每个进入工作室的教师，都希望提高自己的课题教学能力、科研能力，掌握更多的新的教学方法；希望自己能成为骨干教师、名师；希望自己的职称

能更上一层楼；希望通过工作室的学习，能提高本班学生的成绩；希望在今后的各种比赛中能脱颖而出；希望在参加工作室的活动后，能有所回报。进入工作室后，他们在建立人际关系方面，花费了很多精力和时间，做出了巨大的努力。事实证明，这一切投资都是值得的，这些回报都不是刻意追求得来的，而是自然而然得到的。

在工作室这个平台上，只要哪个老师遇到问题，就在QQ群里提出来，其他成员、学员就会出谋划策，这样就有利于每个人的发展。

事实证明，不管是在工作室，还是在学校，人际关系好的教师成长的速度特别惊人。

笔者的助理是一名年轻的女教师，她参加工作的时间不到八年，就成了市级骨干教师。她是一个开朗、善于社交的特别优秀的乡村教师。她在刚担任工作室助理一职时，就积极主动地向工作室里优秀的人请教，学习他人的好的经验。她主动和工作室的其他老师沟通，了解他们的实际情况。在制定活动方案时，她有针对性地去制订计划，她经常在工作室的QQ群里和老师们讨论在教学中遇到的问题，在促进他人成长的同时也就成就了自己。每次学习的机会她都不会错过，她珍惜每次与专家、名师面对面交流的机会。她用一颗真诚的心善待别人、尊重别人。在她需要帮助的时候，她身边就会有无数双援手。她的真诚、努力、好学打动着工作室里的每一个人。在专家、名师们的引领下，她的理论知识越来越扎实，课堂教学能力也突飞猛进，她所任教班级学生的成绩总是名列前茅。正因为她的人际关系很好，她专业化成长的速度就快。

因此，无论是在工作室里，还是在自己工作的环境里，都要和别人建立良好的人际关系，在与同伴的互助下，你会走得更快、更远。

五、抓住机遇，努力奋斗

对于乡村教师来说，成功只是一颗平常心而已。因为这一切是我们通过自身的努力在能力范围内做到了最好之后，直接感受到的自我满足。吉米·约翰逊曾经说过："你想要安全和凑合，还是愿意为杰出放手一搏？"你会允许谁来帮你变得更加优秀？在你让自己变得更加优秀的过程中，你会怎样做呢？如果你想自己的明天比今天学到更多，或更加优秀，当我们把教师职业当成事业去做时，就会为自己设定目标，并不断地去追求。

乡村教师在进入工作室之后，都希望使自己变得更加杰出。在工作室里，大家可以共同学习、共同成长。这些教师会在参加完学习之后，自我反思，走出自己的"舒适区"，他们接受来自其他优秀教师的更广阔更深远的影响，他们越来越不满足现状，他们分秒必争地促使自己积极地加入工作室的活动中去。省级乡村名师工作室的成立，凝聚了很多优秀的正能量，只要工作室的人员齐心协力，就能改变乡村教育的前景。工作室的每位教师都冲锋在前，绝不尾随于后，在他们的心里有一个共同的目标——提高乡村教育质量，为乡村孩子创建优质课堂、高效课堂。在工作室开展活动的每一个乡村学校，都留下了这些老师的足迹。他们用自己的实际行动，引领更多的乡村教师。

在我们每一个人的心里，都为自己的明天设计了一幅美丽的图画。但是要打造美好的明天，就要把今天过得更充实；要让我们的明天成功，今天过得就要有诗意。因此，我们现在的任务就是通过工作室这一平台，让自己变得更加出色。与专家、名师近距离接触的机会是难而可贵的，每次工作室开展的活动，都是为了解决乡村教师在课堂教研中出现的问题而精心策划的。教师认真参与活动，会使他们的水平得到提升。懂得珍惜今天，珍惜现有资源，就又向成功迈进了一大步。我们要清楚，任何触手可及的地方都蕴藏着丰富的资源。如果只是把这些资源孤零零地放在一边，那他们就永远不会发挥出自己的价值。在工作室里，每一个专家、名师、骨干教师都在分享着他们成长的经历，每一个成功人士的成长都经过了不懈的努力，这些成功人士已经成为“知识的加油站”和“信息的枢纽站”。在这么好的资源环境里面，我们可以获取更多，并把这些知识运用到课堂教学中。事实证明，加入工作室的教师很多，有一部分人取得了很大的成功，因为他们很珍惜这个来之不易的机会，紧抓机遇，在成长的路上，不断奋斗。

好运气不会从天上掉下来，懂得珍惜今天和现在的人，他的明天才会更加灿烂。为了大力发展乡村教育，工作室为乡村教师们搭建了一个个平台，懂得抓住这个机会的教师，一定会越走越远。

很多教师一路走来的确很辛苦，但他们决不轻易放弃，他们走在课程改革的前列，为了改变乡村教育的现状而努力着、奋斗着。能够在这样的工作室里，和这样的队伍共同学习是一种幸福。

教师与教师之间最大的差别，就是学习力的差别。在成长的路上，我们不要营造共同堕落、甘于平庸的环境，要善于经营共同进步的氛围。与其唉声叹气，不如奋起直追。与其仰望别人，不如做强自己。机会是给那些有准备的人的。作为教师，要快速成长，就要热爱读书，这是我们的必经之路；写好教学反思，这是我们成长的关键；进行课题研究，这是成长的有效途径；积极参加研讨活动，这是我们成长的重要契机；善于著书立说，这是我们成长的提升台阶；拥有正确的工作态度，这是我们成长的机遇平台。在成长的道路上，我们要明白，付出不一定就有收获，但不付出绝对没有收获。我们要勇挑重担，不能因眼前的苟且就去放弃或埋怨，一定要看到自己的诗与远方。相信“做”比“说”好！

七　乡村教师成长与心理建设

在当今这个迅猛变迁的时代，竞争异常激烈，竞争的根本在于人才之争、教育之争。我们从事的是一项以生命影响生命的事业，如果自身的能量已然枯竭，那就无法以鲜活的积极的正能量去影响学生。作为一名合格的乡村教师，应不断提升自身的专业素养。有的学者把教师的专业素质归纳为：思想道德素质、业务水平素质、心理素质、审美素质以及教师的人格。目前国家非常重视乡村教育，为了缩小城乡之间的差距，大力发展乡村教育，贵州省在2016—2020年五年间在全省建立1500个省级乡村名师工作室，为广大的乡村教师搭建了平台，同时也对乡村教师提出更高的要求。我们肩上的担子越来越沉，使命越来越重。我们是乡村教育的实践者，我们的内心是否强大，既关系到能否促进学生的健康发展，也关系到能否维护自身的幸福人生。

很多乡村教师缺乏自信，怕上公开课、示范课，怕听到上完课之后其他教师对自己的评价，怕参加优质课比赛、说课比赛、技能比赛等。这些都是因为乡村教师的内心不够强大。其实，每个教师的成长和蜕变都需要一定的过程。

一、乡村教师成长的三个阶段

（一）学习模仿阶段

很多教师认为，特级教师一定有什么过人之处。笔者经常对别人说这样一句话："特级教师是人不是神。我们的成长和你们是一样的。"2002年笔者参加了工作，当时《星级教案》对于我们刚踏上教育教学岗位的新老师来说就是上好课的法宝。每天在上课之前，笔者都会反复阅读，甚至把它里面的步骤背下来，完全没有自己的思路。《星级教案》成了笔者教学实践的理论指导老师。过了一段时间之后，通过参加各种教研活动、优质课比赛，笔者渐渐地发现光靠《星级教案》还不行。于是笔者又从网上大量地下载别人的课件、名师的教学设计、获奖的优质课视频来看，模仿这些名人名家的教学语言、教学环节。其实，很多成功的教师，在没有方向的时候都是从模仿开始的，那时他们的目标就仅仅是站稳讲台。

（二）发展提高阶段

由于笔者积极的工作态度得到了学校领导的好评，于是笔者加入了新课改领导小组，每学期都要承担两节新课改语文示范课。既然是新课改，再也不能模仿别人上课了。于是笔者在教学过程中，每天都记录下自己上课的不足之处和存在的困惑，并向有经验的老教师请教，和同事们探讨。2008年笔者终于拿到了自己从教以来的第一项大奖，笔者参加了县里面组织的小学语文优质课比赛并获得了第一名。对于作为一名乡村教师的笔者来说，自信心得到了极大的鼓舞，笔者也慢慢掌握了教学的常规，渐渐形成了自己的教学风格。但是这种风格还不够稳定。为了提高自己，笔者不断挑战自我，不断进行自我突破。

（三）稳定自己的特色和风格

刚踏上讲台的那几年，笔者总是站在别人的背影下。在笔者的课里，总能看到别人的影子。但是通过十八年的不断努力、探索、创新、反思和总结，笔者终于有了自己稳定的特色和风格，从而活在自己的阳光里，成为他人学习的榜样，并向专家型教师发展。

我们经常会听到乡村教师这样抱怨：“我所带班级的学生的基础太差，所以我们班的成绩提不上去。每年评优评先都是那几个人，我们上课还有什么意思？同样的课时数，同样做留守儿童、精准扶贫工作，为什么每次去参加比赛的、到省外名校培训的总是那几个人？”这样会让很多乡村教师产生消极的心理，看不到希望，没有奋斗的目标，有的甚至还产生自卑心理，怀疑自己的教学能力。参加笔者工作室的一部分乡村教师，每次安排他们到其他学校上课的时候，只要看到安排表上和他们一起上一个课题的有骨干教师或名师，他们就会以各种理由推脱。比如，第一种理由：我们哪敢和名师、和城里的老师上同一节课，这不是自取其辱吗？还能合格？第二种理由：我们要多听骨干教师和名师的课，再上！这样的自卑心理导致他们不敢大胆地迈出第一步。

二、乡村教师成长所面临的问题

乡村教师工作和生活压力都很大，这会让他们产生以下问题：

（一）方向不对、越努力越困惑

笔者工作室的第一批学员里，有一位能力超强的市级名师，他获得的荣誉和奖项无数。由于他能力出众，教育局把他提拔到另一个学校去当校长，未到这个学校前他信心满满，暗暗下定决心，一定要把这个学校打造成县级名校，带出骨干教师和名师。但是当他满怀激情投入这个学校时，他脸上的笑容渐渐地少了，忧愁和烦恼逐渐多了。他看到这个学校的老师懒散、积极性不高，放学后就三五成群去玩，教研活动流于形式，一塌糊涂。教师们参加教研活动不是为了提高自己的教育教学能力，只是为了完成规定的听课任务。他加大了管理的力度，改变了教学模式。他亲自参与教研，但是教师们并不积极配合，这让他感到手足无措，满带光环的他开始迷失方向，陷入了困境。这个校长在面对社会发展和竞争压力时，因没有足够的思想准备和应对策略，导致他走入理想与现实的冲突中而不可自拔。

（二）工作没有成就感

有部分乡村教师工作十分努力，所教班级的学生的成绩在全镇名列前茅，但是评优选先、评职晋级却轮不到他们。这有一部分原因是考核制度的问题，评优选先、评职晋级除了可以加成绩分之外，还可以加各项获奖的分，其他教师只要多拿几张县级以上获奖证书，就能超过成绩的加分。久而久之，这部分教师就觉得无论自己怎样努力都没有用，工作没有成就感，内心遭到极大的打击。

（三）为何教不好农村孩子

笔者工作室的一名学员是市级骨干教师、县级名师。他参加省市县组织的小学语文优质课比赛，没有哪一次不是满载而归的。由于家庭原因，他调到了另一个镇上的小学任教，这个学校在安排青蓝工程的时候，就让一个四十多岁的老教师来带他。然而这位老师压根瞧不起他的师父，他认为自己的教育理念新，专业能力比师父的强，所以他觉得提高农村孩子的成绩对他来说是小菜一碟。但是每次他所带班级的学生的成绩都不如师父班级的学生的成绩好，这位老师感到非常困惑：“我为什么就教不好农村孩子呢？”

很多行为，不能简单地用对和错来区分，更多时候要从合理、合适的角度来看待。现在很多到农村上课的特岗教师都是本科生，他们认为自己在专业和技术上占优势，比较关注自己的教学行为。当新、旧两代人的教育观念和教育行为产生冲突的时候，双方需要看到对方的长处，从而来弥补自己的不足。

教师的职业要求是，教师不仅要“肚中有货”，还要“手中有法”，会骑马的人并不一定会教人骑马，哪怕是名师、骨干教师都完全有可能教不好农村孩子。先进的教育理念需要通过良好的教育手段来实现。教师只有将传统教学方法与现代教育手段相结合，才能最大限度地提升教育效果。

（四）混日子——当一天和尚撞一天钟

很多教师在评上高级职称之后，所任班级学生的成绩大不如前。有的教师甚至向学校提出希望去上副科课，辞掉班主任工作，除了完成学校规定的工作之外，坚决不多做一点事情。很多年轻的教师就效仿，只要学生不出安全问题，就万事大吉。

（五）夹在中间做人真难

现在很多乡村教师不愿意当班主任，他们认为当班主任事情多、风险大。有一次我们去一所乡村学校送教的时候，有一位年轻教师引起了笔者的注意。他眉头紧锁，一言不发地站在教室的走廊上发呆。笔者很好奇，于是就和他聊了起来。从他口中笔者得知了他烦恼的原因，原来他们班的数学成绩在全镇一直排名第一，但是由于原来的数学老师请了产假，学校安排了另外一名数学老师去顶替。家长联名到校长处要求换了这位老师，校长却把这件事交给了这位年轻的班主任，让他拿出处理方案。一边是校长，一边是家长，他感到压力太大，一直在思考如何才能完美地解决这个问题。由于有的乡村教师协调能力较弱，在学校里，他们经常会遇到学生与科任老师发生矛盾的情况。

然而这些矛盾不能及时得到缓解，就会伤及多方。

（六）越优秀越孤单

在笔者的工作室里，有很多乡村教师通过自己的不断努力，已经变成了小学语文学科领头人、省市县名师或骨干教师。这本是一件好事。因为他们的示范引领可以带动他们所在学校更多教师的成长和发展。然而事实却刚好相反，这些优秀教师都有一个共同的感受——同事们有意无意地冷落他们，有的甚至还在背后说长道短。在他们想提供帮助时，其他老师就会言语相对，认为这些优秀教师是在故意表现自己的优越。同事们离他们越来越远，他们感到很孤单。他们都在想："难道不断提高自己去帮助别人是一种错吗？"同事之间的交往，交的是心，交的是情，向他人示好需要发自内心，而不应成为彼此的负担，更不是彼此的利益交换。

现在的乡村教师扮演着多重角色，这就使他们承受了巨大的压力，而来自各方面的外部要求和自身的内在要求，又使乡村教师犹豫着如何做出抉择。那么我们怎样才能做一个内心强大的乡村教师呢？

三、如何做一个内心强大的乡村教师

（一）换一条路走，才能突破自己

休伯曼认为在职业生涯道路的转变过程中，教师会面临两个方向的转变：一个方向是随着知识和阅历的增加，教师开始有能力对职业和自我进行挑战：另一个方向是单调乏味的教学轮回，使教师对自己的职业产生了倦怠感。很多乡村教师正处在这个阶段中，而应对职业倦怠的最积极的方法，就是不断地进行自我挑战，寻找新的兴趣点，发现工作中的新价值。

（二）平等互助，在合作中共同成长

很多乡村教师在成长的过程中，都可能会遇到来自他人在各个方面的帮助和提携,有的帮助是直接的,而有的却是间接的。知恩图报的确是一种美德，但是有的教师认为要把帮助过他的人高高举过头顶，那么曾经的帮助就成了负担，成了控制自己的心理暗示。

心理学的研究已经证明，助人是一种利他行为，是人类的基本动机之一。因此，人与人之间最好的相处形式是互助，是在平等和双赢基础上的合作。在这样的相处模式中，合作双方才能满足各自的需求，并在合作中实现共同成长。只有当他们意识到这一点的时候，这个心理负担才会烟消云散。

（三）正确处理人际关系

在工作中，人际关系是一个绕不开的话题。当今乡村教师需要人际协调的范围会变得越来越广，每个教师都应力图使自己的工作节奏与学校的工作节奏保持一致，协调好自己与同事、家长、领导、学生的关系。这是保证工作得以落实的关键。

因此，人际沟通中，对未知的原因，我们如果选择善意地理解，矛盾就容易化解，困惑就容易解开。请记住：尊重、理解、接纳、包容是人际沟通成功的密钥。

（四）在不如意的环境下改变自己

现在，我们的工作压力都很大，每天都要面对专业发展中的困惑，如果我们要想给学生一碗水，那自己每天都必须要有一桶满满的、新鲜的活水。师生关系中的失落、现实生活中的窘态、努力过后没有丰收的沮丧、家长的不理解与指责都会让我们“感觉事事不顺心，天天不如意”，甚至想一走了之。

面对日益激烈的竞争和挑战，我们要去主动地改变自己，适应社会。作为一名内心强大、优秀的乡村老师，我们既要有知识又要有文化，既要有智商更要有情商。只有通过自我调整、自我平衡、自我修炼，才能达到自我完善的目的。只有这样才能跟上社会发展的步伐，不被淘汰，正所谓“山重水复疑无路，柳暗花明又一村”。

（五）学会放松，自我调节

现在，中青年人成为乡村学校的中流砥柱。他们就像巨人，为他人遮风挡雨、迎难而上。但是，当他们遇到困难时，别人想帮却帮不了，他们只有靠自己解决。他们在家庭、社会、学校中扮演着不同的角色，有时会觉得筋疲力尽，希望得到别人的关心、支持和帮助。他们承受着工作和生活的双重压力，同时还要适应身体的种种不适。人吃五谷，怎能不病？当身体不适、感觉快要崩溃的时候，花一点时间爱自己，学会放松，自我调节。

（六）做有主见的自己

在乡村教育生涯中，教师就像行驶在河面上的一叶小舟，在行驶的过程中，河道时而宽，时而窄；河水时而风平浪静，时而跌宕起伏。乡村教育生涯就像一本写不完的书，它记录了我们乡村教师成败得失的瞬间。所以，想要把握人生就要驾驭风浪、勇往直前，用一颗坚韧不拔的心迎接每一次新的挑战。

每位乡村教师都应清楚地知道自己的优点和缺点、性格特征和行为方式，肯定自己存在的价值和意义，面对教学中的种种突发事件，都要认真思考、果断决定，不拖泥带水，命运掌握在自己手里，精彩的人生要靠自己努力打拼、创造。

从我们降生到世界上的那一天起，我们就成了独一无二的自己，我们精彩的人生要靠自己谱写。我们教师的生涯是漫长而神圣的、是曲折而幸福的，我们要树立正确的世界观、人生观，抓住每一个机会，迎接每一个挑战。有位作家曾经说过："人的思想是了不起的，只要专注于某一项事业，就一定会做出使自己感到吃惊的成绩。"只要我们心中充满希望，只要我们坚持不懈追逐自己的梦想，只要我们的内心足够强大，就能成为乡村教育发展道路上那颗最闪亮、耀眼的星。

参考文献

[1] 魏君丽 . 农村小学语文高效课堂教学研究 [J]. 课外语文，2017 (31): 93.

[2] 张兴芳 . 农村小学语文高效课堂创建的一些思考 [J]. 考试周刊，2018 (89) : 63.

[3] 云草尕 . 浅谈如何在农村小班额视域下构建小学语文高效课堂 [J]. 新课程 (上)，2018 (4): 30.

[4] 马有平，张茜 . 构建小学语文高效课堂的探究 [J]. 新课程研究 (下旬刊)，2018 (2): 44-45.

[5] 戴进东 . 小学语文高效课堂“五步走”的策略探究 [J]. 内蒙古教育，2017 (10): 68-69.

[6] 姜春美 . 教育精准扶贫——山东省乡村学校薄弱学科教师研训的实践与创新 [J]. 基础教育课程，2019 (22): 70-73.

[7] 刘雨，胡关宝 . 乡村教师专业素养研训的实践探索 [J]. 华夏教师，2018 (13): 87-88.

[8] 杨伟坤 . 优化教师队伍　推动乡村教育健康发展 [J]. 前进论坛，2019 (11): 23.

[9] 马希良 . 探寻乡村学校校本课程建设的“支点”[J]. 教学月刊小学版(综合)，2019 (10): 3-5.

[10] 刘培军，吴孟玲 . 回归乡土：新时期乡村学校发展的必然选择 [J]. 教育探索，2019 (5): 42-45.

[11] 朱许强 . 行动者的能动性：乡村教师对专业发展困境的超越 [J]. 教育理论与实践，2019，39 (29): 32-34.

[12] 胡婷婷 . 乡村学校队课开设的现状、问题成因及对策 [J]. 江苏教育，2019 (79): 55-57.

[13] 王红 . 新时代提振乡村教育自信的实践理路 [J]. 上海教育科研，2019 (10): 16-20.

[14] 中华人民共和国教育部 . 基础教育课程改革纲要（试行）[J]. 学科教育，2001 (7): 1-5.